KB088700

매일 새로운 나를 발견하는
《365 한 줄 논어》

인생을 위로하는 불멸의 고전 「논어」

하루 한 장으로 삶의 지혜를 쌓는다!

단 한 번뿐인 인생,

진정한 보람 있는 삶.

「논어」하루 한 문장으로

오늘의 당신을 바라보는 시간.

『365 한 줄 논어』 알차게 활용하기

l 365일 나에게 맞는 키워드

날짜, 요일 구분 없이 매일 나에게 필요한 키워드를 볼 수 있어요.

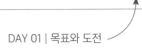

DAY 01 | 목표와 도전   ✦

즐기는 사람이 되자

ll '오늘의 나' 마주하기

매일 읽으면서 지금 떠오른 생각을 적어요. 진짜 내 것이 되는
'내면의 힘'을 기르고 '실천할 용기' 연습을 해보세요.

'오늘의 나' 마주하기

....

....

....

차 례

즐기는 사람이 되자

"어떤 사실을 아는 사람은
그것을 좋아하는 사람만 못하고,
좋아하는 사람은 즐기는 사람만 못하다."

知之者 不如好之者
好之者 不如樂之者
(지지자 불여호지자
호지자 불여락지자)
_옹야 20

'오늘의 나' 마주하기

예의는 욕망을 억제한다

"자기 자신을 극복하고
예로 돌아가는 것이 인이다."

克己復禮爲仁

(극기복례위인)

_안연 1

'오늘의 나' 마주하기

....

....

....

9 ....

지도자의 이상적인 모습

"온화하면서도 엄숙하고,

위엄있으면서도 사납지 않고,

공손하면서도 편안하다."

溫而厲 威而不猛 恭而安

(온이려 위이불맹 공이안)

_술이 38

'오늘의 나' 마주하기

....

....

....

....

우정을 가꾸는 마음가짐

"벗과 사귀는 데에 신의로서 다하였는가?"

與朋友交 而不信乎
(여붕우교 이불신호)
_학이 4

'오늘의 나' 마주하기

옛것을 통해 미래를 보는 힘

"옛것을 익히고 새로운 것을 알면
남의 스승이 될 수 있다."

溫故而知新 可以爲師矣
(온고이지신 가이위사의)
_위정 11

'오늘의 나' 마주하기

효도의 첫걸음

"부모는 오직 자식이 병들지나 않을까
그것만을 걱정한다."

父母唯其疾之憂

(부모유기질지우)

_위정 6

'오늘의 나' 마주하기

....

....

....

....

마음 성장 완성의 세 가지

"이익을 보면 의로운 것인지를 생각하고,
위태로운 것을 보면 목숨을 내놓으며,
오래전 약속일지라도 한 말을 잊지 않아야
전인이 될 수 있다."

見利思義 見危授命
久要不忘平生之言 亦可以爲成人矣
(견리사의 견위수명
구요불망평생지언 역가이위성인의)
_헌문 12

'오늘의 나' 마주하기

굳센 각오

"인의 실현을 자기 임무로 여기니

마땅히 막중하지 않으냐?

죽은 뒤에야 이 일이 끝나니 이 또한 멀지 않으냐?"

仁以爲己任 不亦重乎

死而後已 不亦遠乎

(인이위기임 불역중호

사이후이 불역원호)

_태백 7

'오늘의 나' 마주하기

....

....

....

하늘의 은혜를 배워야 한다

"하늘이 무엇을 말하는가,

사계절은 때가 되면 은혜를 베풀고,

만물을 길러낸다."

天何言哉 四時行焉 百物生焉

(천하언재 사시행언 백물생언)

_양화 19

'오늘의 나' 마주하기

군자의 첫걸음

"군자는 네 가지를 하지 않는다.
억측, 기필한 마음, 집착, 이기심"

子絶四 *毋意 毋必 毋固 毋我*
(자절사 모의 모필 모고 모아)
_자한 4

'오늘의 나' 마주하기

....

....

....

....

인연은 노력이 필요하다

"이야기를 나눌 가치가 있는 사람을 만났음에도

말하지 않는 것은 사람을 잃는 것이다."

可與言而不與之言 失人

(가여언이불여지언 실인)

_위령공 8

'오늘의 나' 마주하기

교육의 기본

"가르침에는 차별은 없다."

有教無類

(유교무류)

_위령공 39

'오늘의 나' 마주하기

부모와 함께하는 시간의 소중함

"부모의 연세를 잊어서는 안 된다.

이로써 부모의 장수하심에 기뻐할 수 있고,

한편으로는 늙어가심에 두려워할 수 있다."

父母之年 不可不知也 一則以喜 一則以懼

(부모지년 불가부지야 일즉이희 일즉이구)

_이인 21

'오늘의 나' 마주하기

준비된 사람이 기회를 잡는다

"숨어서 삶으로써 자신이 뜻하는 바를 추구하고
정의함으로써 자신의 도를 달성한다."

隱居以求其志 行義以達其道
(은거이구기지 행의이달기도)
_계씨 11

'오늘의 나' 마주하기

제 일에 기량을 발휘하는 사람

"마을 회합 자리에서는 공손하고 조심스러워

말을 할 줄 모르는 듯하나

일에 임할 때는 분명하고 유창하며 정중히 말한다."

於鄕黨 恂恂如也 似不能言者

其在宗廟朝廷 便便言 唯謹爾

(어향당 순순여야 사불능언자

기재종묘조정 편편언 유근이)

_향당 1

'오늘의 나' 마주하기

예의범절의 기본은 검소함

"예는 사치스러운 것보다 검소한 것이 좋다."

禮與其奢也 寧儉

(예여기사야 영검)

_팔일 4

'오늘의 나' 마주하기

....

....

....

....

모두에게 신뢰받는 사람

"군자다운 사람에게는 어린 임금을 부탁할 수 있고,

사방 백 리 되는 나라의 운명을 맡길 수 있다."

可以託六尺之孤 可以寄百里之命

(가이탁육척지고 가이기백리지명)

_태백 6

'오늘의 나' 마주하기

....

....

....

....

드러나는 말로 판단하지 않기

"덕이 있는 사람은 반드시 좋은 말을 할 것이나,
올바른 말을 한다고 해서 덕이 있는 것은 아니다."

有德者必有言 有言者不必有德

(유덕자필유언 유언자불필유덕)

_헌문 5

'오늘의 나' 마주하기

스스로 사고하는 힘을 키워라

"한 방면을 가르쳤을 때 나머지 세 개를
스스로 유추하지 못하면 다시 일러주지 않는다."

擧一隅不以三隅反 則不復也
(거일우불이삼우반 즉불부야)

_술이 8

'오늘의 나' 마주하기

올바른 효도

"부모가 살아 계실 때는 예로써 섬기며,
돌아가셨을 때는 예로써 장사하며
후에는 예로써 제사 지내는 것이다."

生事之以禮 死葬之以禮 祭之以禮
(생사지이례 사장지이례 지지이례)
_위정 5

'오늘의 나' 마주하기

사람은 사람을 떠나 살 수 없다

"사람은 새나 짐승과 무리 지어 함께 살 수 없다."

鳥獸不可與同群

(조수불야여동군)

_미자 6

'오늘의 나' 마주하기

살신성인의 마음으로

"지사와 인인은 목숨이 위태로울지라도
결코 인을 해치는 일은 없고 자신을 희생해
인을 이루는 일은 있다."

志士仁人 無求生以害仁 有殺身以成仁
(지사인인 무구생이해인 유살신이성인)
_위령공 9

'오늘의 나' 마주하기

내면과 외면의 조화

"내면이 겉보다 과하면 투박하여 품위 없고,

겉모양이 내면보다 과하면 사치스럽다."

質勝文則野 文勝質則史

(질승문즉야 문승질즉사)

_옹야 18

'오늘의 나' 마주하기

책임의 자세

"군자는 자신에게서 잘못을 찾고
소인은 남에게서 잘못을 찾는다."

質勝文則野 文勝質則史
(군자구저기 소인구저인)
_위령공 21

'오늘의 나' 마주하기

서로 화합할 수 있는 근본

"부모와 웃어른을 공경하는 '효제'라는 것은

바로 인의 근본이다."

孝弟也者 其爲仁之本與

(효제야자 기위인지본여)

_학이 2

'오늘의 나' 마주하기

....

....

....

....

많은 것을 보고 듣고 기억하라

"잘 알지도 못하면서 함부로

새로운 것을 지어내는 사람이 있다."

蓋有不知而作之者

(개유부지이작지자)

_술이 28

'오늘의 나' 마주하기

사랑한다면 스스로 극복하게 하라

"자식을 사랑한다면,

수고롭게 하지 않을 수 있겠는가?"

愛之 能勿勞乎

(애지 능물노호)

_헌문 7

'오늘의 나' 마주하기

인생의 낙은 어디에나 있다

"거친 밥을 먹고 물을 마시고 팔을 베고 누웠으니
그 가운데도 즐거움이 있다."

飯疏食飮水 曲肱而枕之 樂亦在其中矣
(반소사음수 곡굉이침지 낙역재기중의)
_술이 16

'오늘의 나' 마주하기

준비된 사람의 진가

"날씨가 추워진 뒤에야 소나무와 잣나무가
다른 나무보다 나중에 시드는 것을 알게 된다."

歲寒 然後知松栢之後彫也
(세한 연후지송백지후조야)
_자한 28

'오늘의 나' 마주하기

이익만 추구할 때 반드시 따르는 것

"이익에 따라서 행동하면 원망이 많다."

放於利而行 多怨

(방어리이행 다원)

_이인 12

'오늘의 나' 마주하기

흔들림 없는 건강한 마음

"다른 사람이 알아주지 않아도 노여워하지 않으니
군자가 아니겠는가."

人不知而不慍 不亦君子乎
(인부지이불온 불역군자호)
_학이 1

'오늘의 나' 마주하기

나는 너를 진심으로 이해하고 있나?

"다른 사람이 나를 알아주지 않음을 걱정하지 말고,

내가 다른 사람을 알지 못함을 걱정하라."

不患人之不己知 患不知人也

(불환인지불기지 환부지인야)

_학이 16

'오늘의 나' 마주하기

배움에 대한 정열

"배우려는 자가 알려고 분발하지 않으면
깨우쳐 주지 않고, 표현하지 않으면 터주지 않는다."

不憤不啓 不悱不發
(불분불계 불비불발)

_술이 8

'오늘의 나' 마주하기

부정하지 않는 것이 배려이자 효행

"부모를 섬김에 있어 완곡하게 잘못을 간언해야 한다.
설령 간을 따르지 않더라도 공경하고 순응하며,
힘들어도 원망하지 않는다."

事父母幾諫 見志不從 又敬不違 勞而不怨
(사부모기간 견지부종 우경불위 로이불원)
_이인 18

'오늘의 나' 마주하기

멀리 내다보는 힘

"사람이 멀리 바라보고 깊이 생각하지 않으면
반드시 가까운 근심이 생긴다."

人無遠慮 必有近憂

(인무원려 필유근우)

_위령공 11

'오늘의 나' 마주하기

할 수 있는 것에 집중하기

"삶도 모르는데 어찌 죽음을 알겠느냐?"

未知生 焉知死

(미지생 언지사)

_선진 11

'오늘의 나' 마주하기

거만해지지 않는 마음

"사치스러우면 불손해지고 검소하면 고루한데,

불손한 것보다 차라리 고루한 것이 낫다."

奢則不孫 儉則固 與其不孫也 寧固

(사즉불손 검즉고 여기불손야 영고)

_술이 35

'오늘의 나' 마주하기

공익을 생각하는 리더

"군자는 위로 통달하여 인의에 밝고,

소인은 아래로 통달하여 이익에 밝다."

君子上達 小人下達

(군자상달 소인하달)

_헌문 24

'오늘의 나' 마주하기

남을 위하는 것이 곧 나를 위하는 것

"어진 사람은 자기가 서고 싶으면 남부터 내세우고,

달성하고 싶으면 남부터 달성하게 한다."

夫仁者 己欲立而立人 己欲達而達人

(부인자 기욕립이립인 기욕달이달인)

_옹야 28

'오늘의 나' 마주하기

지식을 얻는 것과 생각하는 것의 균형

"배우기만 하고 스스로 사색하지 않으면 허망하고,

사색만 하고 배우지 않으면 위태롭다."

學而不思則罔 思而不學則殆

(학이불사즉망 사이불학즉태)

_위정 15

'오늘의 나' 마주하기

자식의 거울

"아버지가 살아 계실 때는 그 뜻을 살펴라."

父在觀其志 父沒觀其行

(부재관기지 부몰관기행)

_학이 11

'오늘의 나' 마주하기

....

....

....

....

인생 불멸의 황금 법칙

"그것은 서(恕: 용서, 배려)이니,

자기가 원하지 않는 일을 남에게 하지 말라."

其恕乎 己所不欲 勿施於人

(기서호 기소불욕 물시어인)

_위령공 23

'오늘의 나' 마주하기

인생의 깨달음

"나는 열다섯 살에 학문에 뜻을 두었고,
서른에 자립했으며 마흔에 미혹되지 않았고
오십에 천명을 알았으며, 육십에 귀가 뚫려
이치를 알았고 칠십에 마음이 원하는 대로 해도
법도에 어긋나지 않았다."

吾十有五而志於學 三十而立 四十而不惑 五十而知
天命 六十而耳順 七十而從心所欲不踰矩
(오십유오이지우학 삼십이립 사십이불혹
오십이지천명 육십이이순 칠십이종심소욕불유구)
_위정 4

'오늘의 나' 마주하기

인생의 기준

"지혜로운 사람은 물을 좋아하고
어진 사람은 산을 좋아한다.
지혜로운 사람은 동적이고 어진 사람은 정적이며,
지혜로운 사람은 즐겁게 살고 어진 사람은 오래 산다."

知者樂水 仁者樂山 知者動 仁者靜
知者樂 仁者壽
(지자요수 인자요산 지자동 인자정
지자락 인자수)
_옹야 21

'오늘의 나' 마주하기

리더의 선택 기준

"군자는 정의에 밝고 소인은 이익에 밝다."

君子喩於義 小人喩於利

(군자유어의 소인유어리)

_이인 16

'오늘의 나' 마주하기

언제나 사랑받는 사람

"덕이 있는 사람은 외롭지 않고

반드시 이웃이 있다."

君子喩於義 小人喩於利

(덕불고 필유린)

_이인 25

'오늘의 나' 마주하기

교육자의 마음가짐

"미리 가르쳐주지 않고서
죽이는 것은 잔악한 짓이다."

不敎而殺謂之虐
(불교이살위지학)
_요왈 2

'오늘의 나' 마주하기

진심으로 공경하는 마음

"오늘날의 효도란 단지 봉양하는 것을 말한다. 그러나
개와 말조차 먹이를 주어 먹여 살리는데, 공경하지 않
는다면 무엇으로 개나 말과 구별할 것인가?"

今之孝者 是謂能養 至於犬馬
皆能有養 不敬 何以別乎
(금지효자 시위능양 지어견마
개능유양 불경 하이별호)

_위정 7

'오늘의 나' 마주하기

잘못을 고치려는 노력

"잘못을 저지르고도 고치지 않는 것이 잘못이다."

過而不改 是謂過矣

(과이불개 시위과의)

_위령공 29

'오늘의 나' 마주하기

....

....

....

....

시작부터 포기하지 않기

"힘이 부족한 사람은 할 수 있는 데까지 해보고
중도에 포기한다."

力不足者 中道而廢
(역부족자 중도이폐)
_술이 12

'오늘의 나' 마주하기

올곧은 사람

"지혜로운 사람은 미혹되지 않고,
어진 사람은 근심하지 않으며
용감한 사람은 두려워하지 않는다."

知者不惑 仁者不憂 勇者不懼
(지자불혹 인자불우 용자불구)
_자한 28

'오늘의 나' 마주하기

차별하지 않는 리더

"군자는 친밀하게 대하되 결탁하지 않고,
소인은 결탁하되 인간적으로 친밀하지 않다."

君子周而不比 小人比而不周
(군자주이부비 소인비이불주)
_위정 14

'오늘의 나' 마주하기

....

....

....

....

인仁의 시작

"참으로 인에 뜻을 둔다면 악한 짓을 하지 않는다."

苟志於仁矣 無惡也

(구지어인의 무악야)

_이인 4

'오늘의 나' 마주하기

배움의 자세

"배울 때는 미치지 못하는 듯이 열심히 하며,

그렇게 배운 것을 잃어버릴까 두려워해야 한다."

學如不及 猶恐失之

(학여불급 유공실지)

_태백 17

'오늘의 나' 마주하기

천륜의 범위

"아버지가 아들을 위하여 숨겨주고 아들은 아버지를
위하여 숨겨주는데 그 가운데 곧음이 있다."

父爲子隱 子爲父隱 直在其中矣
(부위자은 자위부은 직재기중의)
_자로 18

'오늘의 나' 마주하기

....

....

....

....

실수가 적은 사람

"자기 행동을 절제하고 제약함으로써
손해를 보는 사람은 드물다."

以約失之者鮮矣

(이약실지자선의)

_이인 23

'오늘의 나' 마주하기

....

....

....

....

알아줄 만한 사람이 되는 것

"아무도 자기를 알아주지 않음을 걱정하지 말고,

내가 알려질 수 있기를 추구하라."

不患莫己知 求爲可知也

(불환막기지 구위가지야)

_이인 14

'오늘의 나' 마주하기

객관적으로 살펴보기

"많은 사람이 싫어해도 반드시 좋은 점이 없는지 살펴
보아야 하고, 많은 사람이 좋아해도 반드시 나쁜 점이
없는지 살펴보아야 한다."

衆惡之 必察焉 衆好之 必察焉
(중오지 필찰언 중호지 필찰언)
_위령공 27

'오늘의 나' 마주하기

....

....

....

....

어떤 사람으로 기억될 것인가

"군자는 죽어서 이름이
일컬어지지 않는 것을 걱정한다."

君子疾沒世而名不稱焉
(군자질몰세이명불칭언)
_위령공 19

'오늘의 나' 마주하기

역효과를 줄이는 방법

"임금을 섬김에 있어 간언을 자주 하면

곤욕을 당하고, 친구와 사귐에 있어 충고를

자주 하면 사이가 소원해진다."

事君數 斯辱矣 朋友數 斯疏矣

(사군삭 사욕의 붕우삭 사소의)

_이인 26

'오늘의 나' 마주하기

진정으로 아는 사람

"아는 것을 안다고 하고 모르는 것을
모른다고 하는 것이 진정 아는 것이다."

知之爲知之 不知爲不知 是知也
(지지위지지 부지위부지 시지야)
_위정 17

'오늘의 나' 마주하기

가장 쉬운 효도 방법

"부모님이 생존해 계시면 멀리 나가지 않아야 하고,

나가더라도 반드시 미리 행방을 알려야 한다."

父母在 不遠遊 遊必有方

(부모재 불원유 유필유방)

_이인 19

'오늘의 나' 마주하기

정의로운 사람으로 성장하는 조건

"강직한 것과 의연한 것과
질박한 것과 어눌한 것은 인에 가깝다."

剛毅木訥近仁

(강의목눌근인)

_자로 27

'오늘의 나' 마주하기

지위에 맞는 역량과 재능을 걱정하라

"내 자리가 없음을 걱정하지 말고, 자리가 생겼을 때
어떻게 그 자리에 설 것인가를 걱정하라."

剛毅木訥近仁
(불환무위 환소이립)
_이인 14

'오늘의 나' 마주하기

올바른 방향으로 이끌기 위해서

"선비가 편안하게 지내는 것만 생각한다면

선비라고 하기에 부족하다."

士而懷居 不足以爲士矣

(사이회거 부족이위사의)

_헌문 3

'오늘의 나' 마주하기

화합을 만들어 내는 사람

"군자는 화합을 이루지만 자기 신념을 버리지 않고,

소인은 쉽게 신념을 버리고 화합을 이루지 못한다."

君子和而不同 小人同而不和

(군자화이부동 소인동이불화)

_자로 23

'오늘의 나' 마주하기

지나친 공손

"공손하되 예의가 없으면 고달파진다."

恭而無禮則勞

(공이무례즉로)

_태백 2

'오늘의 나' 마주하기

되돌아보는 학습 자세

"배운 것을 묵묵히 외우고, 배움에 싫증을
내지 않으며 남을 가르침에 있어서 지치지 않는 것 중
나에게 무엇이 갖추어져 있는가?"

默而識之 學而不厭 誨人不倦 何有於我哉
(묵이지지 학이불염 회인불권 허유어아재)

_술이 2

'오늘의 나' 마주하기

제사의 예

"제사에 직접 참여하지 않으면
제사를 지내지 않은 것과 같다."

吾不與祭 如不祭
(오불여제 여부제)
_팔일 12

'오늘의 나' 마주하기

주의해야 하는 것

"이단에 주력하면 해로울 따름이다."

攻乎異端 斯害也
(공호이단 사해야이)
_위정 16

'오늘의 나' 마주하기

바라던 바를 이루었을 때

"아침에 도를 깨친다면 저녁에 죽어도 괜찮다."

朝聞道 夕死可矣

(조문도 석사가의)

_이인 8

'오늘의 나' 마주하기

벼는 익을수록 고개를 숙인다

"가난하면서 원망하지 않기는 어렵지만,

부유하면서 교만하지 않기는 쉽다."

貧而無怨難 富而無驕易

(빈이무원난 부이무교이)

_헌문 11

'오늘의 나' 마주하기

....

....

....

함께 사는 방법을 모색하는 사람

"군자는 곤궁에 처해도 의연하지만,

소인은 곤궁하면 외람스러워진다."

君子固窮 小人窮斯濫矣

(군자고궁 소인궁사람의)

_위령공 1

'오늘의 나' 마주하기

맺고 끊음의 규범

"강직함이 지나쳐서 예의를 벗어나면 야박해진다."

直而無禮則絞
(직이무례즉교)

_태백 2

'오늘의 나' 마주하기

화살 같은 시간

"흘러가는 것이 이와 같구나.

밤낮으로 쉬지 않고 흐르는구나."

逝者如斯夫 不舍晝夜

(서자여사부 불사주야)

_자한 16

'오늘의 나' 마주하기

가족의 안색을 살핀다는 것

"부드러운 안색을 짓기가 어렵다.

일이 있으면 자식이 대신하고 술과 음식이 있으면 부

모에게 드리니 이것을 효라 할 수 있겠는가?"

色難 有事 弟子服其勞

有酒食 先生饌 曾是以爲孝

(색난 유사 제자복기로

유주사 선생찬 증시이위효호)

_위정 8

'오늘의 나' 마주하기

배우고 수양하는 습관

"사람의 본성은 서로 비슷하지만,
습성은 서로 현격히 다르다."

性相近也 習相遠也
(성상근야 습상원야)

_양화 2

'오늘의 나' 마주하기

우물쭈물하지 마라

"두 번 검토하면 충분하다."

再斯可矣

(재사가의)

_공야장 19

'오늘의 나' 마주하기

아첨을 일삼는 사람

"듣기 좋게 꾸민 달콤한 말과 얼굴빛을
좋게 하는 사람 중 어진 사람이 적다."

巧言令色 鮮矣仁
(교언령색 선의인)
_학이 3

'오늘의 나' 마주하기

먼저 예를 갖추는 리더

"예로써 나라를 다스리는 것인데
그의 말이 겸양하지 않아서 웃었다."

爲國以禮 其言不讓 是故哂之
(위국이례 기언불양 시고신지)
_선진 25

'오늘의 나' 마주하기

....

....

....

....

예의를 갖추는 이유

"용맹스러움이 지나쳐서
예의를 벗어나면 난폭해진다."

勇而無禮則
(용이무례즉란)
_태백 2

'오늘의 나' 마주하기

진정한 공부의 의미

"옛날의 학자는 자기 수양을 위해서 공부했는데,
오늘날의 학자는 남의 이목 때문에 공부한다."

古之學者爲己 今之學者爲人
(고지학자위기 금지학자위인)
_헌문 25

'오늘의 나' 마주하기

배우자를 선택할 때는

"배우자를 대함에 있어서 현량한 덕성을
소중히 여기고 아름다운 용모를 가볍게 여긴다."

賢賢易色

(현현이색)

_학이 7

'오늘의 나' 마주하기

체면치레에 신경 쓰지 마라

"선비로서 도에 뜻을 두고도 나쁜 옷과 나쁜 음식을
부끄러워하는 사람은 함께 이야기할 가치가 없다."

士志於道 而恥惡衣惡食者 未足與議也
(사지어도 이치악의악식자 미족여의야)
_이인 9

'오늘의 나' 마주하기

실천하는 용기

"의로운 것을 보고 실행하지 않는 것은
용기가 없는 것이다."

見義不爲 無勇也
(견의불위 무용야)
_위정 24

'오늘의 나' 마주하기

말보다 행동

"먼저 자기 말을 스스로 실행하고서
다른 사람에게 자기를 따르게 하는 것이다."

先行其言 而後從之
(선행기언 이후종지)

_위정 13

'오늘의 나' 마주하기

어떤 리더가 될 것인가?

"군자는 자기의 무능을 걱정하지, 다른 사람이 자기를
알아주지 않는 것을 걱정하지 않는다."

君子病無能焉 不病人之不己知也
(군자병무능언 불병인지불기지야)

_위령공 18

'오늘의 나' 마주하기

....

....

....

....

지나침의 독

"신중함이 지나쳐서 예의를 벗어나면 두려워진다."

愼而無禮則蒽
(신이무례즉사)

_태백 2

'오늘의 나' 마주하기

배움을 열망하지 않는 사람

"'이걸 어떻게 하지?' 하며 스스로 방법을 찾으려고
노력하지 않는 사람은 어떻게 할 수가 없다."

不曰如之何如之何者 吾末如之何也已矣
(불왈여지하여지하자 오말여지하야이의)
_위령공 16

'오늘의 나' 마주하기

자식의 도리

"젊은 사람은 집에서는 효도하고
밖에서는 공손해야 한다."

弟子 入則孝 出則弟
(제자 입즉효 출즉제)
_학이 6

'오늘의 나' 마주하기

....

....

....

....

명확한 사명

"운명을 모르면 군자가 될 수 없다."

不知命 無以爲君子也
(부지명 무이위군자야)
_요왈 3

'오늘의 나' 마주하기

말의 무게

"말해서 부끄럽지 않은 일이라면 행하기가 어렵다."

其言之不怍 則爲之也難
(기언지부작 즉위지야난)
_헌문 20

'오늘의 나' 마주하기

모두를 만족시킬 수는 없다

"마을 사람들 가운데 선량한 사람은 그를 좋아하고,

선량하지 못한 사람은 그를 미워하는 것만 못하다."

不如鄕人之善者好之 其不善者惡之

(불여향인지선자호지 기불선자오지)

_자로 24

'오늘의 나' 마주하기

마음이 안정된 리더

"군자는 태연하면서도 교만하지 않고,
소인은 교만하면서도 태연하지 못하다."

君子泰而不驕 小人驕而不泰
(군자태이불교 소인교이불태)
_자로 26

'오늘의 나' 마주하기

배려하는 마음

"예가 아닌 것은 보지 말고,
예가 아닌 것은 듣지 말고, 예가 아닌 것은
말하지 말며 예가 아닌 것은 하지 말아라."

非禮勿視 非禮勿聽 非禮勿言 非禮勿動
(비례물시 비례물청 비례물언 비례물동)

_안연 1

'오늘의 나' 마주하기

지식보다 더 중요한 것

"공자께서는 네 가지를 가르치셨으니,
학문과 덕행과 충성과 신의가 그것이다."

子以四教 文行忠信
(자이사교 문행충신)
_술이 24

'오늘의 나' 마주하기

삼년상의 유래

"자식이 태어나서 3년이 지난 연후에
부모의 품에서 벗어난다. 대체로 삼년상은
천하의 공통적인 상례다."

子生三年 然後免於父母之懷
夫三年之喪 天下之通喪也
(자생삼년 연후면어부모지회
부삼년지상 천하지통상야)
_양화 21

'오늘의 나' 마주하기

삶의 기본

"예를 모르면 사회에 나설 수 없다."

不知禮 無以立也

(부지례 무이립야)

_요왈 3

'오늘의 나' 마주하기

목표를 위한 대비

"자기 일을 잘하려면
반드시 자기 연장을 갈아야 한다."

工欲善其事 必先利其器
(공욕선기사 필선리기기)
_위령공 9

'오늘의 나' 마주하기

사람답게 살기 위한 조건

"사람이 살아가는 힘은 정직이다.
그것 없이 살아가는 것은
요행히 죽음을 면하는 것이다."

人之生也直 罔之生也幸而免
(인지생야직 망지생야행이면)
_옹야 19

'오늘의 나' 마주하기

근본이 서야 도가 생긴다

"군자가 근본에 힘쓰는 것은
근본이 수립되어야 도가 생기기 때문이다."

君子務本 本立而道生
(군자무본 본립이도생)
_학이 2

'오늘의 나' 마주하기

....

....

....

....

속이지 말고 직언하라

"속이지 말고 바른 말을 하여
임금의 비위를 거슬러라."

勿欺也 而犯之
(물기야 이범지)
_헌문 22

'오늘의 나' 마주하기

....

....

....

배우지 않음만 못한 사람

"교만하고 인색하다면 그 나머지는 볼 것도 없다."

使驕且吝 其餘不足觀也已

(사교차린 기여부족관야이)

_태백 11

'오늘의 나' 마주하기

가족 간의 믿음

"사람들이 그의 부모와 형제의 말에
이의를 제기하지 않는구나."

人不間於其父母昆弟之言
(인불간어기부모곤제지언)
_선진 4

'오늘의 나' 마주하기

넘침은 모자람과 다르지 않다

"지나친 것은 못 미치는 것과 같다."

過猶不及也

(과유불급야)

_선진 16

'오늘의 나' 마주하기

사람이 먼저다

"사람을 섬길 줄 모르고서야
어찌 귀신을 섬길 줄 알겠느냐?"

未能事人 焉能事鬼
(미능사인 언능사귀)
_선진 11

'오늘의 나' 마주하기

부끄러운 일

"나라에 도가 있을 때도 벼슬에 나아가 녹을 받고
나라에 도가 없을 때도 벼슬에 나아가 녹을 받는 것이
수치스러운 일이다."

邦有道 穀 邦無道 穀 恥也
(방유도 곡 방무도 곡 치야)

_헌문 1

'오늘의 나' 마주하기

덕으로 이끄는 리더

"덕으로 정치하는 것은, 마치 북극성이 제자리에
있는데 많은 별이 북극성을 향하는 것과 같다."

爲政以德 譬如北辰 居其所而衆星共之
(위정이덕 비여북신 거기소이중성공지)
_위정 1

'오늘의 나' 마주하기

우정을 맺을 가치

"덕이 자기보다 못한 사람을 친구로 삼지 말라."

無友不如己者

(무우불여기자)

_학이 25

'오늘의 나' 마주하기

행하지 않는 지식

"자로는 가르침을 듣고 그것을 실천하기 전에
또 새로운 가르침을 듣게 될까 걱정했다."

子路有聞 未之能行 唯恐有聞
(자로유문 미지능행 유공유문)
_공야장 13

'오늘의 나' 마주하기

윗사람을 섬기는 인

"그 사람됨이 효성스럽고 공손하면서
윗사람의 뜻을 범하기를 좋아하는 사람은 드물다."

其爲人也孝弟而好犯上者 鮮矣
(기위인야효제이호범상자 선의)

_학이 2

'오늘의 나' 마주하기

정의를 실현하는 모습

"어진 사람은 인을 편히 여기고,
지혜로운 사람은 인을 이롭게 여긴다."

仁者安仁 知者利仁
(인자안인 지자이인)
_이인 2

'오늘의 나' 마주하기

신중하게 말하기

"말이 순리롭지 않으면 일이 이루어지지 않는다."

言不順 則事不成

(언불순 즉사불성)

_자로 3

'오늘의 나' 마주하기

어리석은 사람

"소인은 천명을 몰라서 두려워하지 않고
웃어른을 함부로 대하며 성인의 말을 업신여긴다."

小人不知天命而不畏也 狎大人 侮聖人之言
(소인부지천명이불외야 입대인 모성인지언)
_계씨 8

'오늘의 나' 마주하기

말보다 행동이 우선인 사람

"군자는 말은 어눌하게 하고
행동은 민첩하게 한다."

君子欲訥於言而敏於行
(군자욕눌어언이민어행)
_이인 24

'오늘의 나' 마주하기

어떤 사람으로 남을 것인가?

"오직 어진 사람만이 다른 사람을 좋아할 수 있고
또한 미워할 수 있다."

惟仁者能好人 能惡人
(유인자능호인 능오인)
_이인 3

'오늘의 나' 마주하기

더 넓은 세상을 배우기 위해 나서라

"누가 문을 거치지 않고 나갈 수 있는가.
그런데 왜 아무도 이 길을 가지 않는 것인가."

誰能出不由戶 何莫由斯道也
(수능출불유호 하막유사도야)
_옹야 17

'오늘의 나' 마주하기

사람 됨됨이

"윗사람을 거스르기 좋아하지 않으면서
난동을 일으키기를 좋아하는 사람은 아직 없었다."

不好犯上而好作亂者 未之有也
(불호범상이호작란자 미지유야)
_학이 2

'오늘의 나' 마주하기

귀 기울임의 중요성

"다른 사람의 말을 잘 알아듣지 못하면
그 사람을 알 수 없다."

不知言 無以知人也
(부지언 무이지인야)
_요왈 3

'오늘의 나' 마주하기

나아가고 물러날 때를 아는 사람

"세상이 나를 써주면 최선을 다해 행하고,
더 이상 나를 써주지 않는다면
은둔할 줄 알아야 한다."

用之則行 舍之則藏

(용지즉행 사지즉장)

_술이 11

'오늘의 나' 마주하기

평생의 근심

"덕을 수양하지 않는 것, 학문을 익히지 않는 것,
의를 알고도 실천에 옮기지 못하는 것, 선하지 않은 점을
고치지 못하는 것이 나의 걱정이다."

德之不修 學之不講
聞義不能徙 不善不能改 是吾憂也
(덕지불수 학지불강
문의불능사 불선불능개 시오우야)
_술이 3

'오늘의 나' 마주하기

자기 역할의 책임

"임금은 임금답고, 신하는 신하답고,
아버지는 아버지답고, 아들은 아들다워야 한다."

君君 臣臣 父父 子子
(군군 신신 부부 자자)
_안연 11

'오늘의 나' 마주하기

최소한의 예의

"조화의 도를 알고 그 도를 따르되 예로써
조절하지 않으면 참다운 화합을 이룰 수 없다."

知和而和 不以禮節之 亦不可行也
(지화이화 불이례절지 역불가행야)
_학이 12

'오늘의 나' 마주하기

책을 놓으면 안 되는 이유

"벼슬을 하면서도 여유가 있으면 학문을 닦고,
학문을 닦다가도 여유가 있으면 벼슬을 한다."

仕而優則學 學而優則仕
(사이우즉학 학이우즉사)
_자장 13

'오늘의 나' 마주하기

상하관계의 근본은 인륜의 정

"어른과 아이 사이의 예절은 폐지할 수 없는데
임금과 신하 사이의 의리는
어떻게 그것을 폐지하는가?"

長幼之節 不可廢也 君臣之義 如之何其廢之
(장유지절 불가폐야 군신지의 여지하기폐지)
_미자 7

'오늘의 나' 마주하기

나를 되돌아보는 세 가지

"나는 매일 세 가지로 나 자신을 되돌아본다.

남을 위해 일할 때 충실하였는가?

친구와 교제하면서 마음을 다했는가?

배운 것을 열심히 익혔는가?"

吾日三省吾 爲人謀而不忠乎

與朋友交而不信乎 傳不習乎

(오일삼성오신 위인모이불충호

여붕우교이불신호 전불습호)

_학이 4

'오늘의 나' 마주하기

부족함을 되짚어 보는 냉정함

"남이 나를 알아주지 않음을 걱정하지 말고,
내 능력 없음을 걱정해야 한다."

不患人之不己知 患其不能也
(불환인지불기지 환기불능야)
_헌문 30

'오늘의 나' 마주하기

행복한 사람

"나에게 잘못이 있을 때 남들이
반드시 알게 해주니 나는 행복하다."

丘也幸 苟有過 人必知之
(구야행 구유과 인필지지)
_술이 31

'오늘의 나' 마주하기

리더의 마음가짐

"자신이 올바르면 명령을 내리지 않아도
저절로 시행되고, 자신이 올바르지 않으면
명령을 내려도 시행되지 않는다."

其身正 不令而行 其身不正 雖令不從
(기신정 불령이행 기신부정 수령부종)
_자로 6

'오늘의 나' 마주하기

....

....

....

....

있는 그대로 믿을 수 있는 친구

"나는 너희와 함께하지 않은 일이 없다.

이것이 바로 나 구丘이다."

吾無行而不與二三子者 是丘也
(오무행이불여이삼자자 시구야)

_술이 24

'오늘의 나' 마주하기

어설픈 지식을 내세우는 사람

"길에서 들은 것을 길에서 그대로 남에게
말하는 것은 덕을 버리는 것이다."

道聽而塗說 德之棄也
(도청이도설 덕지기야)
_양화 14

'오늘의 나' 마주하기

어른의 솔선수범

"장엄한 태도로 백성을 대하면 공경할 것이고,
효성스럽고 자애로우면 충성할 것이며,
선한 사람을 등용해 불선한 사람을 가르치면
그들 스스로 부지런해진다."

臨之以莊則敬 孝慈則忠 擧善而敎不能則勸
(임지이장즉경 효자즉충 거선이교불능즉권)
_위정 20

'오늘의 나' 마주하기

저절로 따라오는 것

"말에 실수가 적고 행실에 후회가 적으면
녹봉은 그 안에 있는 것이다."

言寡尤 行寡悔 祿在其中矣
(언과우 행과회 록재기중의)
_위정 18

'오늘의 나' 마주하기

양보할 수 없는 것

"인을 행할 일에 당면하면
스승에게도 양보하지 않고 힘껏 행한다."

當仁 不讓於師
(당인 불양어사)
_위령공 35

'오늘의 나' 마주하기

바른길에서 벗어나지 않는 방법

"학문을 널리 배우고 예로써 자신을 절제한다면
정도에서 벗어나지 않을 수 있다."

博學於文 約之以禮 亦可以弗畔矣夫
(박학어문 약지이례 역가이불반의부)
_안연 15

'오늘의 나' 마주하기

마음이 늘 한결같은 사람

"군자는 마음이 평온하고 너그러우며,

소인은 마음이 항상 근심으로 조마조마하다."

君子坦蕩蕩 小人長戚戚

(군자탄탕탕 소인장척척)

_술이 36

'오늘의 나' 마주하기

가까울수록 신중해야 하는 것

"어진 사람은 신중하므로 그 말이 머뭇거려진다."

仁者 其言也訒

(인자 기언야인)

_안연 3

'오늘의 나' 마주하기

한 걸음 나아가기

"비유컨대 땅을 고름에 있어 단지
흙 한 삼태기를 부었을지라도 진전했다면
이는 내가 진전한 것이다."

譬如平地 雖覆一簣 進 吾往也
(비여평지 수복일궤 진 오왕야)
_자한 19

'오늘의 나' 마주하기
....
....
....

....

제사를 지내는 이유

"부모의 마지막 길을 신중히 처리하고, 먼 조상을 추모

하면 백성의 도덕성이 순후하게 될 것이다."

慎終追遠 民德歸厚矣

(신종추원 민덕귀후의)

_학이 9

'오늘의 나' 마주하기

내 뜻에 책임을 다했나

"선비는 도량이 넓고 의지가 강인하지 않으면 안 된다.

책임은 막중하고 갈 길은 멀기 때문이다."

士不可以不弘毅 任重而道遠

(사가불가이불홍의 임중이도원)

_태백 7

'오늘의 나' 마주하기

마음에 품은 뜻은 빼앗을 수 없다

"삼군이라도 그 장수를 빼앗을 수 있지만,

필부라도 그 마음을 빼앗을 수 없다."

三軍可奪帥也 匹夫不可奪志也

(삼군가탈수야 필부불가탈지야)

_자한 25

'오늘의 나' 마주하기

경계해야 하는 행동

"달콤한 말과 가식으로 꾸민 얼굴과 아첨의 소지가 있
는 지나친 공손한 것을 좌구명이 부끄럽게 여겼거니
와, 나도 그것을 부끄럽게 여긴다."

巧言 令色 足恭 左丘明恥之 丘亦恥之
(교언 령색 주공 좌구명치지 구역치지)
_공야장 24

'오늘의 나' 마주하기

....

....

....

....

리더가 갖춰야 하는 기본

"군자는 다른 사람의 좋은 점은 이루도록 돕지만,
다른 사람이 나쁜 점을 이루도록 돕지 않는다.
소인은 이와 반대다."

君子成人之美 不成人之惡 小人反是
(군자성인지미 불성인지악 소인반시)
_안연 6

'오늘의 나' 마주하기

귀한 인연인 만큼 갖춰야 하는 예의

"대문을 나서면 큰 손님을 만난 듯이 하고,
백성을 부릴 때는 큰 제사를 받들 듯하여라."

出門如見大賓 使民如承大祭
(출문여견대빈 사민여승대제)
_안연 2

'오늘의 나' 마주하기

편견 없는 평등한 기회

"사람이 자신을 깨끗이 하고 진보하려 할 때,
그의 깨끗한 면을 받아들이는 것이지
그의 과거를 옳다고 보증해 주는 것은 아니다."

人潔己以進 與其潔也 不保其往也
(인결기이진 여기결야 불보기왕야)
_술이 28

'오늘의 나' 마주하기

예의와 배려가 낳는 형제의 정

"군자는 매사에 조심스럽고 실수가 없고, 공손하고 예
의가 있어 온 세상 사람이 모두 다 형제다.
그런데 어찌 형제가 없다고 걱정하는가?"

君子敬而無失 與人恭而有禮 四海之內
皆兄弟也 君子何患乎無兄弟也
(군자경이무실 여인공이유례 사해지내
개형제야 군자하환호무형제야)
_안연 5

'오늘의 나' 마주하기

한 가지에 매여있지 않기

"군자는 모양이 고정된 그릇이 아니다."

君子不器

(군자불기)

_위정 12

'오늘의 나' 마주하기

....

....

....

....

멈출 수 있는 결정

"비유컨대 산을 만듦에 있어서 완성되기까지 단 한 삼
태기가 부족해 중지했다면 내가 중지한 것이다."

譬如爲山 未成一簣 止 吾止也
(비여위산 미성일궤 지 오지야)
_자한 18

'오늘의 나' 마주하기

겉과 속이 다른 사람

"원한을 감추고 그 사람을 친구로 삼는 것은

좌구명이 부끄럽게 여겼거니와,

나도 그것을 부끄럽게 여긴다."

匿怨而友其人 左丘明恥之 丘亦恥之

(닉원이우기인 좌구명치지 구역치지)

_공야장 24

'오늘의 나' 마주하기

리더가 갖춰야 할 아홉 가지①

"사물을 볼 때는 분명하게 볼 것을 생각하라."

視思明

(시사명)

_계씨 12

'오늘의 나' 마주하기

말에 책임지는 사람

"군자는 자기 말이 행동을
능가하는 것을 부끄럽게 여긴다."

君子恥其言而過其行
(군자치기언이과기행)
_헌문 29

'오늘의 나' 마주하기

기본을 선행 학습하라

"내가 일찍이 낮에는 먹지 않고
밤에는 자지 않으면서 사색해 본 적이 있는데,
유익한 것이 없었으니 배우는 것만 못하더라."

吾嘗終日不食 終夜不寢以思 無益 不如學也
(오상종일불식 종야불침이사 무익 불여학야)
_위령공 30

'오늘의 나' 마주하기

공동체로 산다는 것

"지향하는 도가 같지 않으면
함께 일을 도모하지 않는다."

道不同 不相爲謀
(도부동 불상위모)
_위령공 39

'오늘의 나' 마주하기

....

....

....

하늘의 뜻에 맡기고 전진하라

"내가 듣자 하니 생사에는 운명이 있고,

부귀는 하늘에 달려 있다."

商聞之矣 死生有命 富貴在天

(상문지의 사생유명 부귀재천)

_안연 5

'오늘의 나' 마주하기

안주하지 않고 되돌아보기

"현명한 사람을 보면 그와 같기를 생각하고, 현명하지
못한 사람을 보면 속으로 자신을 돌아본다."

見賢思齊焉 見不賢而內自省也
(견현사제언 견불현이내자성야)
_이인 17

'오늘의 나' 마주하기

언행 성찰

"나라에 도가 있으면 말과 행동을 당당하게 하되,
나라에 도가 없을 때는 당당하게 행동하되
말은 공손해야 한다."

邦有道 危言危行 邦無道 危行言孫
(방유도 위언위행 방무도 위행언손)
_헌문 4

'오늘의 나' 마주하기

리더가 갖춰야 할 아홉 가지②

"들을 때는 똑똑하게 들을 것을 생각하라."

聽思聰

(청사총)

_계씨 12

'오늘의 나' 마주하기

예악을 행해도 무의미한 사람

"사람이 어질지 않다면 예가 무슨 소용이며
사람이 어질지 않다면 음악을 해서 무엇하랴."

人而不仁 如禮何 人而不仁 如樂何
(인이불인 여례하 인이불인 여악하)
_팔일 3

'오늘의 나' 마주하기

학문^{學問} 다음 학문^{學文}

"언행이 근엄하고 믿음성이 있으며, 널리 여러 사람을
사랑하고 인을 가까이해야 한다. 이렇게 하고도
남는 힘이 있으면 글을 배우는 법이다."

謹而信 汎愛衆而親仁 行有餘力 則以學文
(근이신 범애중이친인 행유여력 즉이학문)
_학이 6

'오늘의 나' 마주하기

마음이 건강한 가장

"밖에 나가서는 고관을 섬기고, 집에 들어와 부형을
섬기며, 장례는 정성을 다해 치르며, 술에 취해 몸을
지치게 하지 않는 것 중 나는 무엇을 갖추었는가?"

出則事公卿 入則事父兄 喪事不敢不勉
不爲酒困 何有於我哉
(출즉사공경 입즉사부형 상사불감불면
불위주곤 하유어아재)
_자한 15

'오늘의 나' 마주하기

자기 본분을 다하지 않는 안타까움

"고가 고답지 않으니 고이랴, 고이랴."

觚不觚 觚哉 觚哉

(고불고 고재 고재)

_옹야 23

'오늘의 나' 마주하기

자기 직면

"나는 자기 잘못을 발견하고 속으로
자책할 줄 아는 사람을 아직 보지 못했다."

吾未見能見其過 而內自訟者也
(오미견능견기과 이내자송자야)
_공야장 26

'오늘의 나' 마주하기

세상 모든 것이 나의 선생

"충과 신의를 중심으로 하고, 자기만 못한 자를
벗하지 말며 과오가 생기면 서슴없이 고쳐라."

主忠信 毋友不如己者 過則勿憚改
(주충신 무우불여기자 과즉물탄개)
_자한 24

'오늘의 나' 마주하기

리더가 갖춰야 할 아홉 가지③

"안색은 온화할 것을 생각하라."

色思溫

(색사온)

_계씨 12

'오늘의 나' 마주하기

내 역경의 이유는 무엇일까?

"어질지 못한 사람은 오랫동안 곤궁에 처할 수 없고,
오랫동안 즐거움에 처할 수 없다."

不仁者不可以久處約 不可以長處樂
(불인자불가이구처약 불가이장처락)
_이인 2

'오늘의 나' 마주하기
....
....
....
....

배움이 필수인 이유

"인자한 사람이 되기를 좋아하면서 배우기를 좋아하
지 않으면 그 폐단은 우둔해지는 것이다."

好仁不好學 其蔽也愚

(호인불호학 기폐야우)

_양화 8

'오늘의 나' 마주하기

가정을 화목으로 이끌기 위해

"군자는 일함에서는 의로움을 바탕으로 삼고,
예로써 행하며 겸손하게 말하고,
신의로써 완성한다."

君子義以爲質 禮以行之 孫以出之 信以成之
(군자의이위질 예이행지 손이출지 신이성지)
_위령공 17

'오늘의 나' 마주하기

맡은 소임을 다했는가?

"일을 우선시하고 이득을 뒤로 돌리는 것이
덕을 높이는 것이 아니겠느냐?"

先事後得 非崇德與

(선사후득 비숭덕여)

_안연 21

'오늘의 나' 마주하기

마음먹기에 달렸다

"인이 멀리 있단 말인가? 내가 인을 바라면
인은 곧 나에게로 다가온다."

仁遠乎哉 我欲仁 斯仁至矣
(인원호재 아욕인 사인지의)
_술이 29

'오늘의 나' 마주하기

이유 있는 차별

"군자는 다급함을 구제하지
부유함에 더 보태지 않는다."

君子周急不繼富
(군자주급불계부)
_옹야 3

'오늘의 나' 마주하기

리더가 갖춰야 할 아홉 가지④

"용모는 공손할 것을 생각하라."

貌思恭

(모사공)

_계씨 12

'오늘의 나' 마주하기

슬기로운 인인^{ㄷㅅ}생활

"인을 고향으로 삼는 것이 좋다. 인에 처하지 않는 것
을 선택한다면 어떻게 지혜롭다고 하겠는가?"

里仁爲美 擇不處仁 焉得知
(리인위미 택불처인 언득지)
_이인 1

'오늘의 나' 마주하기

자기 수양의 이유

"지혜를 좋아하면서 배우기를 좋아하지 않으면
그 폐단은 방탕해지는 것이다."

好知不好學 其蔽也蕩
(호지불호학 기폐야탕)
_양화 8

'오늘의 나' 마주하기

아이를 혼란스럽게 하는 것

"명령은 느슨하게 해놓고 갑자기 기한을 정하여
독촉하는 것은 일을 그르치는 것이다."

慢令致期謂之賊
(만령치기위지적)
_요왈 2

'오늘의 나' 마주하기

정의를 쫓아 행동하기

"군자가 천하에서 살아감에는 꼭 이래야 하고,

하지 않아야 한다고 고집하는 것이 없으며

오직 의로움과 친할 뿐이다."

君子之於天下也 無適也 無莫也 義之與比

(군자지어천하야 무적야 무막야 의지여비)

_이인 10

'오늘의 나' 마주하기

노력 없는 결실은 없다

"싹이 돋았으되 꽃이 피지 않는 것도 있고,
꽃이 피었으되 열매가 맺히지 않는 것도 있다."

苗而不秀者有矣夫 秀而不實者有矣夫
(묘이불수자유의부 수이불실자유의부)

_자한 21

'오늘의 나' 마주하기
....
....
....

....

삿된 것에 홀리지 않는 정신

"공자께서는 괴이한 일, 힘자랑하는 일,
문란한 일, 귀신에 관한 일은 말씀하지 않으셨다."

子不語 怪力亂神

(자불어 괴력란신)

_술이 20

'오늘의 나' 마주하기

리더가 갖춰야 할 아홉 가지⑤

"말은 진실할 것을 생각하라."

言思忠

(언사충)

_계씨 12

'오늘의 나' 마주하기

진정으로 상대를 대할 때

"서로 간절하게 충고하고 격려하며
화기애애하다면 선비라고 할 수 있다."

切切偲偲 怡怡如也 可謂士矣
(절절시시 이이여야 가위사의)
_자로 28

'오늘의 나' 마주하기

자만심을 다스리는 이유

"믿음직스럽기를 좋아하면서 배우기를 좋아하지
않으면 그 폐단은 자신을 해치는 것이다."

好信不好學 其蔽也賊
(호신불호학 기폐야적)

_양화 8

'오늘의 나' 마주하기

....

....

....

....

형제의 화목

"형제간에 화기애애해야 한다."

兄弟怡怡

(형제이이)

_자로 28

'오늘의 나' 마주하기

인생 후반전을 앞두고

"나이 마흔이 되어서도 남에게 미움을 받는다면,
그 사람은 틀림없이 더 이상 진보하지 못하고
그 상태로 끝나고 말 것이다."

年四十而見惡焉 其終也已
(연사십이견오언 기종야이)

_양화 26

'오늘의 나' 마주하기

문제의 핵심을 정확히 파악하라

"활쏘기가 과녁의 가죽 뚫기를 주로 하지 않는 것은
사람마다 힘이 동등하지 않기 때문이다."

射不主皮 爲力不同科
(사부주피 위력부동과)
_팔일 16

'오늘의 나' 마주하기

한결같은 신념

"항심을 가진 사람을 만날 수 있으면 좋겠다.
없으면서 있는 체하고, 텅 비었으면서 꽉 찬 체하고,
가난에 허덕이면서 풍족한 체하면
항심을 갖기 어렵다."

得見有恒者斯可矣 亡而爲有
虛而爲盈 約而爲泰 難乎有恒矣
(득견유항자사가의 무이위유
허이위영 약이위태 난호유항의)
_술이 26

'오늘의 나' 마주하기

리더가 갖춰야 할 아홉 가지⑥

"일할 때는 공경할 것을 생각하라."

事思敬

(사사경)

_계씨 12

'오늘의 나' 마주하기

....

....

....

....

친구 간의 화합

"친구 간에 서로 절절하게
충고하고 격려해야 한다."

朋友切切偲偲
(붕우절절시시)

_자로 28

'오늘의 나' 마주하기

배움에는 때가 없다

"나면서부터 아는 사람이 상급이고,

배워서 아는 사람이 그다음이고,

곤경에 처해서 배우는 사람은 또 그다음이며,

곤경에 처해도 배우지 않으면 사람이 하급이 된다."

生而知之者上也 學而知之者次也 困而學之又其次也
困而不學 民斯爲下矣
(생이지지자상야 학이지지자차야
곤이학이지우기차야 곤이불학 민사위하의)
_계씨 9

'오늘의 나' 마주하기

가정의 평화

"군자는 긍지를 가지지만 다투지 않고,
여러 사람이 한데 어울리려고 작당하지 않는다."

君子矜而不爭 群而不黨
(군자긍이부쟁 군이부당)
_위령공 21

'오늘의 나' 마주하기

군자가 미워하는 사람들 ①

"다른 사람의 나쁜 점을 말하는 사람을 미워한다."

惡稱人之惡者

(오칭인지악자)

_양화 24

'오늘의 나' 마주하기

....

....

....

....

자신에게 엄격하라

"스스로 자신에게 엄중하게 책망하고,
남에게 가볍게 책망한다면 원망을 멀리하게 된다."

躬自厚 而薄責於人 則遠怨矣
(궁자후 이박책어인 즉원원의)
_위령공 14

'오늘의 나' 마주하기

인문교육의 기본

"도에 뜻을 두고, 덕에 근거하여
인에 의지하고, 육예六藝에 노닐어라."

志於道 據於德 依於仁 游於藝
(지어도 거어덕 의어인 유어예)
_술이 6

'오늘의 나' 마주하기

리더가 갖춰야 할 아홉 가지⑦

"의심스러운 일이 있을 때는 물을 것을 생각하라."

疑思問

(의사문)

_계씨 12

'오늘의 나' 마주하기

억측하지 않되 통찰력을 지녀라

"상대방이 자기를 속일까 지레짐작하지도 않고,

미덥지 않을까 억측하지도 않지만,

미리 깨닫는 사람이 현명하다."

不逆詐 不億不信 抑亦先覺者 是賢乎

(불역사 불억불신 억역선각자 시현호)

_헌문 31

'오늘의 나' 마주하기

인격 수양에서 학문의 중요성

"열 집이 사는 마을에도 틀림없이 충성과 신의가 있는 사람이 있을 것이나, 내가 학문을 좋아하는 것만큼은 못할 것이다."

十室之邑 必有忠信如丘者焉 不如丘之好學也
(십실지읍 필유충신여구자언 불여구지호학야)

_공야장 27

'오늘의 나' 마주하기

웃어른을 모실 때 주의할 세 가지①

"말할 차례가 자기에게 돌아오지 않았는데도
말하는 것이니, 이를 조급하다고 한다."

言未及之而言 謂之躁
(언미급지이언 위지조)
_계씨 6

'오늘의 나' 마주하기

군자가 미워하는 사람들②

"밑에 있으면서 윗사람을
비방하는 사람을 미워한다."

惡居下流而訕上者
(오거하류이산상자)
_양화 24

'오늘의 나' 마주하기

인을 실천하는 방법

"일상생활을 할 때는 공손하고, 일할 때는 신중하고,
다른 사람을 대할 때는 충성을 다해야 한다."

居處恭 執事敬 與人忠
(거처공 집사경 여인충)
_자로 19

'오늘의 나' 마주하기

덕은 노력해야 하는 것

"나는 아직 여색을 좋아하는 것만큼이나
덕을 닦는 것을 좋아하는 사람을 보지 못했다."

吾未見好德如好色者也
(오미견호덕여호색자야)
_자한 17

'오늘의 나' 마주하기

리더가 갖춰야 할 아홉 가지⑧

"화가 날 때는 화를 낸 뒤에
어렵게 될 것을 생각하라."

忿思難

(분사난)

_계씨 12

'오늘의 나' 마주하기

....

....

....

자기 이익을 뒤로하는 사람

"인자함이란 어려운 일을 먼저하고,

결실을 수확하는 일은 뒤로 돌리는 것이니

이렇게 되면 어질다고 할 수 있다."

仁者先難而後獲 可謂仁矣

(인자선난이후획 가위인의)

_옹야 20

'오늘의 나' 마주하기

....

....

....

....

배우기를 좋아한다면

"영민하고 배우는 것을 좋아하며,
자기보다 못한 사람에게 묻는 것을
부끄러워하지 마라."

敏而好學 不恥下問
(민이호학 불치하문)
_공야장 14

'오늘의 나' 마주하기

웃어른을 모실 때 주의할 세 가지②

"말할 차례가 자기에게 돌아왔는데도
말하지 않는 것이니, 이것을 숨긴다고 한다."

言及之而不言 謂之隱
(언급지이불언 위지은)
_계씨 6

'오늘의 나' 마주하기

군자가 미워하는 사람들③

"용맹스럽기만 하고 예의가 없는 사람을 미워한다."

惡勇而無禮者

(오용이무례자)

_양화 24

'오늘의 나' 마주하기

중용의 덕이 어려운 이유

"중용의 덕 됨됨이는 지극한 것인데,
백성 중에 이를 지닌 사람이 드물어졌다."

中庸之爲德也 其至矣乎 民鮮久矣
(중용지위덕야 기지의호 민선구의)

_옹야 27

'오늘의 나' 마주하기

양면을 보는 힘

"내가 아는 것이 있는가? 아는 것이 없다.
그러나 어떤 비천한 사람이 나에게 물었을 때
나는 마음을 비우고 그 일의 양단을 물어 완전히
파악한 후 가르쳐주는 데 힘을 다한다."

吾有知乎哉 無知也 有鄙夫問於我
空空如也 我叩其兩端而竭焉
(오유지호재 무지야 유비부문어아
공공여야 아고기양단이갈언)
_자한 7

'오늘의 나' 마주하기

리더가 갖춰야 할 아홉 가지⑨

"이득을 볼 때는 의로운 것인지를 생각하라."

見得思義

(견득사의)

_계씨 12

'오늘의 나' 마주하기

....

....

....

....

잘못을 관찰하면 인품이 보인다

"사람의 실수는 각각 그 부류에 따라 결정된다.

실수한 것을 관찰하면

그 사람의 인을 알 수 있게 된다."

人之過也 各於其黨 觀過 斯知仁矣

(인지과야 각어기당 관과 사지인의)

_이인 7

'오늘의 나' 마주하기

세상에 예외 없는 것은 없다

"곧기를 좋아하면서 배우기를 좋아하지 않으면
그 폐단은 가혹해지는 것이다."

好直不好學 其蔽也絞
(호직불호학 기폐야교)

_양화 8

'오늘의 나' 마주하기
....
....
....

....

웃어른을 모실 때 주의할 세 가지③

"안색을 살피지도 않은 채로 말하는 것이니,

이것을 눈치 없다고 한다."

未見顔色而言 謂之瞽

(미견안색이언 위지고)

_계씨 6

'오늘의 나' 마주하기

군자가 미워하는 사람들④

"과감하기만 하고 융통성이 없는 사람을 미워한다."

惡果敢而窒者

(오과감이질자)

_양화 24

'오늘의 나' 마주하기

선행 학습의 중요성

"선인의 훌륭한 발자취를 밟지 않으면
학문이 최고 경지에 오를 수 없다."

不踐迹, 亦不入於室
(불천적 역불입어실)
_선진 19

'오늘의 나' 마주하기

불필요한 말을 줄여라

"말은 말하고자 하는 내용을 전달하면 그만이다."

辭 達而已矣

(사 달이이의)

_위령공 40

'오늘의 나' 마주하기

배움과 성장을 거듭하는 사람

"자신을 수양하여 백성을 편안하게 한다."

修己以安百姓

(수기이안백성)

_헌문 45

'오늘의 나' 마주하기

나는 도움이 되는 사람인가?

"유익한 교우의 세 가지 유형이 있다.

정직한 사람, 신실한 사람,

견문이 많은 사람을 벗하면 유익하다."

益者三友 友直 友諒 友多聞 益矣

(익자삼우 우직 우량 우다문 익의)

_계씨 4

'오늘의 나' 마주하기

무식한 용기는 해가 된다

"용맹스럽기를 좋아하면서 배우기를 좋아하지
않으면, 그 폐단은 난폭해지는 것이다."

好勇不好學 其蔽也亂

(호용불호학 기폐야란)

_양화 8

'오늘의 나' 마주하기

자녀의 날개를 꺾지 마라

"스스로 반성하고 단속하며 더 나은 배움의 길을 원한
사람이라면 가르치지 않은 적이 없다."

自行束脩以上 吾未嘗無誨焉
(자행속수이상 오미상무회언)
_술이 7

'오늘의 나' 마주하기

군자가 미워하는 사람들⑤

"남의 것을 표절한 것을 자신이 지혜롭다고
여기는 사람을 미워한다."

惡徼以爲知者

(오요이위지자)

_양화 24

'오늘의 나' 마주하기

흔들리지 않는 일관된 마음

"공자께서 나의 도는 하나로 꿰어져 있다고 하시니,

증자가 스승님의 도는 충·서일 뿐이라 말했다."

參乎 吾道一以貫之

曾子曰 夫子之道 忠恕而已矣

(자왈 삼호 오도일이관지

증자왈 부자지도 충서이이의)

_이인 15

'오늘의 나' 마주하기

....

....

....

....

송사에 휘말리지 말자

"송사를 청취하고 처리하는 일은
나도 남과 마찬가지다.
그러나 그보다는 반드시 송사가 없도록 해야 한다."

聽訟 吾猶人也 必也使無訟乎
(청송 오유인야 필야사무송호)
_안연 13

'오늘의 나' 마주하기

불변의 리더상

"군자는 배부름과 거주하는 데 편안하기를
바라지 않으며, 일은 민첩하고 말은 신중하며,
도 있는 사람에게 나아가 자기 잘못을
바로 한다면 배움을 좋아한다고 할 수 있다."

君子食無求飽 居無求安 敏於事而慎於言
就有道而正焉 可謂好學也已
(군자식무구포 거무구안 민어사이신어언
취유도이정언 가위호학야이)
_학이 14

'오늘의 나' 마주하기

멀리해야 하는 인연

"해로운 교우의 세 가지 유형이 있다.
아첨하는 사람, 부드러운 척하는 사람,
말만 잘하는 사람을 벗하면 해롭다."

損者三友 友便辟 友善柔 友便佞 損矣
(손자삼우 우편벽 우선유 우편녕 손의)

_계씨 4

'오늘의 나' 마주하기

강직한 마음으로 학문을 닦아야 하는 이유

"굳세기를 좋아하면서 배우기를 좋아하지 않으면,
그 폐단은 무모해지는 것이다."

好剛不好學 其蔽也狂

(호강불호학 기폐야광)

_양화 8

'오늘의 나' 마주하기

익숙함에 속아 소중함을 잃지 말자

"가까이 있는 사람은 기쁘게 하고 멀리 있는
사람은 찾아오게 하는 것이다."

近者說 遠者來
(근자열 원자래)

_자로 16

'오늘의 나' 마주하기

군자가 미워하는 사람들⑥

"공손하지 못한 것을 용맹스럽다고
여기는 사람을 미워한다."

惡不孫以爲勇者

(오불손이위용자)

_양화 24

'오늘의 나' 마주하기

남을 평하기 전에 나부터 돌아보자

"자공은 그렇게 똑똑한가?

나는 남을 비평할 틈이 없다."

賜也賢乎哉 夫我則不暇

(사야현호재 부아즉불가)

_헌문 31

'오늘의 나' 마주하기

진짜 부유한 것은

"의롭지 않은 방법으로 부귀하게 되는 것은
나에게 뜬구름과 같다."

不義而富且貴 於我如浮雲
(불의이부차귀 어아여부운)
_술이 15

'오늘의 나' 마주하기

233

덕행을 우선하자

"군자는 덕으로써 다스릴 생각을 품고,
소인은 지금껏 살아온 정든 땅에 머물 생각을 품는다."

君子懷德 小人懷土
(군자회덕 소인회토)
_이인 11

'오늘의 나' 마주하기

정의로운 공평

"정직함으로 원수에 보답하고,

은덕으로 은덕에 보답하는 것이다."

以直報怨 以德報德

(이직보원 이덕보덕)

_헌문 34

'오늘의 나' 마주하기

배움의 즐거움은 평생 간다

"문학을 터득하지 못하면 분발하여 밥 먹기를 잊고,

배우는 즐거움으로 근심을 잊으며,

늙음이 곧 닥쳐온다는 사실조차 모른다."

發憤忘食 樂以忘憂 不知老之將至云爾

(발분망식 락이망우 부지로지장지운이)

_술이 18

'오늘의 나' 마주하기

자식에게 나는 어떤 도를 물려줄 것인가?

"삼년상을 지내는 동안 부친이 가시던
길을 바꾸지 않는다면 효성스럽다고 할 수 있다."

三年無改於父之道, 可謂孝矣
(삼년무개어부지도 가위효의)
_이인 20

'오늘의 나' 마주하기

....

....

....

....

군자가 미워하는 사람들⑦

"남의 결점을 들추어낸 것을 가지고
솔직하다고 여기는 사람을 미워한다."

惡訐以爲直者

(오알이위직자)

_양화 24

'오늘의 나' 마주하기

정말 간절한가?

"산 앵두꽃이 바람에 살랑대고 있구나! 어찌 그대가 그립지 않으랴만 집이 너무 멀구나. 이 시에 공자께서는 생각이 간절하지 않을지언정 어찌 멀게다 하겠는가 하셨다."

唐棣之華 偏其反而 豈不爾思 室是遠而
子曰 未之思也 夫何遠之有
(당체지화 편기반이 기불이사 실시원이
자왈 미지사야 부하원지유)
_자한 30

'오늘의 나' 마주하기

사랑과 이해의 눈을 키우자

"번지가 인에 관하여 여쭈니 공자께서는 사람을
사랑하는 것이라 하셨고, 지혜로움에 관하여
여쭈니 사람을 알아보는 것이라 하셨다."

樊遲問仁 子曰 愛人 問知 子曰 知人
(번지문인 자왈 애인 문지 자왈 지인)
_안연 22

'오늘의 나' 마주하기

공익과 정의를 우선으로 하자

"군자는 형벌로써 다스릴 생각을 품고 있지만,

소인은 혜택을 찾아 떠날 생각을 품는다."

君子懷刑 小人懷惠

(군자회형 소인회혜)

_이인 11

'오늘의 나' 마주하기

용기와 만용은 다르다

"맨손으로 호랑이를 잡고 맨몸으로 강을 건너다가
죽어도 후회하지 않는 사람과는 함께하지 않는다."

暴虎馮河 死而無悔者 吾不與也
(포호빙하 사이무회자 오불여야)
_술이 10

'오늘의 나' 마주하기

썩은 나무에는 무늬를 새길 수 없다

"썩은 나무는 조각할 수 없고 더러운 흙으로 쌓은
담장은 흙손질하여 매끈하게 할 수 없다."

朽木不可雕也 糞土之牆不可朽也
(후목불가조야 분토지장불가오야)
_공야장 9

'오늘의 나' 마주하기

....

....

....

진심으로 효도하고 있는가?

"부모를 섬김에 있어 힘을 다하여야 한다."

事父母 能竭其力

(사부모 능갈기력)

_학이 7

'오늘의 나' 마주하기

실수를 솔직히 인정하고 반성하자

"소인은 잘못을 저지르면 반드시
그럴듯하게 꾸며댄다."

小人之過也必文
(소인지과야필문)
_자장 8

'오늘의 나' 마주하기

소임을 다해 쌓는 덕

"충심과 신뢰를 주로 하고,

정의를 실천하며 사는 것이 덕을 쌓는 것이다."

主忠信 徙義 崇德也

(주충신 사의 숭덕야)

_안연 10

'오늘의 나' 마주하기

유익해서 좋은 것

"좋아하는 일 중 유익한 것이 세 가지가 있다.
예악으로 절제하기 좋아하고, 남의 장점을 말하기를
좋아하고, 현명한 벗이 많은 것을 좋아하는 것이다."

益者三樂 樂節禮樂 樂道人之善 樂多賢友 益矣
(익자삼요 요절예악 요도인지선 요다현우 익의)
_계씨 5

'오늘의 나' 마주하기

군자의 네 가지 도^道

"행실은 공손하고, 윗사람을 공경하며 섬기고,

백성을 다스리는 데 은혜롭고,

백성을 부리는 데 정의롭다."

其行己也恭 其事上也敬

其養民也惠 其使民也義

(기행기야공 기사상야경

기양민야혜 기사민야의)

_공야장 15

'오늘의 나' 마주하기

함께 도모할 수 있는 사람

"반드시 일에 임할 때 두려운 듯이 신중하며
차분하게 도모하여 일을 성취하는
사람과 함께 할 것이다."

必也臨事而懼 好謀而成者也
(필야림사이구 호모이성자야)
_술이 10

'오늘의 나' 마주하기

가르친 후에 일을 맡겨야 한다

"가르치지 않은 백성을 보내 싸우게 하는 것은
그들을 내버리는 것이다."

以不教民戰 是謂棄之
(이불교민전 시위기지)
_자로 30

'오늘의 나' 마주하기

부모도 잘못을 범할 수 있다

"군자가 잘못을 저지르는 것은 일식이나
월식과 같아서 잘못을 범하면 모든 이의 눈에 뜨이고,
그것을 고치면 사람들이 우러러본다."

君子之過也 如日月之食焉
過也 人皆見之 更也 人皆仰之
(군자지과야 여일월지식언
과야 인개견지 경야 인개앙지)
_자장 21

'오늘의 나' 마주하기

말에는 책임이 따른다

"옛날 사람들이 말을 함부로 하지 않은 것은, 실행하지
못한 것을 부끄러워했기 때문이다."

古者言之不出 恥躬之不逮也
(고자언지불출 치궁지불체야)
_이인 22

'오늘의 나' 마주하기

흔들림과 어리석음을 구분하자

"사랑하면 그 사람이 살기를 바라고, 미워지면
그 사람이 죽기를 바라는 것은 살기도 바라고 죽기도
바라는 것이니, 이것은 미혹된 것이다."

愛之欲其生 惡之欲其死
旣欲其生又欲其死 是惑也
(애지욕기생 오지욕기사
기욕기생우욕기사 시혹야)
_안연 10

'오늘의 나' 마주하기

좋아해서 해로운 것

"좋아하는 일 중에 해로운 것이 세 가지 있다.
교만의 즐거움을 좋아하고, 일없이 편히 놀기를 좋아
하고, 연회를 벌여서 먹고 마시기를 좋아하는 것이다."

損者三樂 樂驕樂 樂佚遊 樂宴樂 損矣
(손자삼요 요교락 요일유 요연락 손의)
_계씨 5

'오늘의 나' 마주하기

....

....

....

....

군자가 경계해야 할 세 가지①

"젊을 때는 혈기가 아직 안정되지 않았으니
여색을 경계해야 한다."

少之時 血氣未定 戒之在色
(소지시 혈기미정 계지재색)
_계씨 7

'오늘의 나' 마주하기

관계의 선을 넘지 말자

"그 자리에 있지 않으면
다른 사람의 일에 대해 논하지 말라."

不在其位 不謀其政
(부재기위 불모기정)
_태백 14

'오늘의 나' 마주하기
....
....
....
....

장점을 살려라

"한 사람에게 모든 것을 다 갖추도록
요구해서는 안 된다."

無求備於一人
(무구비어일인)
_미자 10

'오늘의 나' 마주하기

....

....

....

....

아이는 부모를 보고 물든다

"군자가 친척에게 돈독하면 백성들 사이에
어진 기풍이 흥성한다."

君子篤於親 則民興於仁
(군자독어친 즉민흥어인)
_태백 2

'오늘의 나' 마주하기

탓하지 말자

"하늘을 원망하지 않고 사람을 탓하지 않는다."

不怨天 不尤人

(불원천 불우인)

_헌문 35

'오늘의 나' 마주하기

시작 없는 한계는 없다

"힘이 부족한 사람은 할 수 있는
데까지 해보고 중도에 그만두는데,
너는 아예 못한다고 선을 긋는구나."

力不足者中道而廢 今女畫
(역부족자중도이폐 금여획)
_옹야 10

'오늘의 나' 마주하기

간과하기 쉬운 예의 본질

"예는 사치스러운 것보다 오히려 검소한 것이 좋고,

상^喪사는 쉽게 치르기보다 오히려 슬퍼해야 한다."

禮與其奢也 寧儉 喪與其易也 寧戚

(례여기사야 영검 상여기이야 영척)

_팔일 4

'오늘의 나' 마주하기

군자가 경계해야 할 세 가지②

"장성하여서는 혈기가 왕성하니
싸움을 경계해야 한다."

及其壯也 血氣方剛 戒之在鬪
(급기장야 혈기방강 계지재투)
_계씨 7

'오늘의 나' 마주하기

선물에 담긴 마음

"친구가 보내온 선물은 비록 수레나 말일지라도, 제사
에 사용한 고기가 아니면 절을 하지 않으셨다."

朋友之饋 雖車馬 非祭肉 不拜
(붕우지궤 수거마 비제육 불배)
_향당 14

'오늘의 나' 마주하기

하나를 들으면 열을 깨우치는 사람

"안회는 하나를 들으면 열을 알고,
저는 하나를 들으면 둘을 압니다."

回也聞一以知十 賜也聞一以知二
(회야문일이지십 사야문일이지이)

_공야장 8

'오늘의 나' 마주하기

....

....

....

....

옛것을 통해 얻는 교육

"나는 나면서부터 아는 사람이 아니라
옛것을 좋아하여 그것을 탐구한 사람이다."

我非生而知之者 好古 敏以求之者也
(아비생이지지자 호고 민이구지자야)
_술이 19

'오늘의 나' 마주하기

추구해야 하는 최소한의 가치

"부유함과 고귀함은 사람들이 원하는 것이지만,
합당한 방식으로 얻는 것이 아니면
연연하여 머물지 않는다."

富與貴 是人之所欲也 不以其道得之 不處也
(부여귀 시인지소욕야 불이기도득지 불처야)
_이인 5

'오늘의 나' 마주하기
....
....
....
....

책임과 신뢰를 기반으로 하는 언행

"말이 충성스럽고 믿음직하며,
행동이 독실하고 경건하면 오랑캐의
나라에서라도 행해지게 될 것이다."

言忠信 行篤敬 雖蠻貊之邦 行矣
(언충신 행독경 수만맥지방 행의)
_위령공 5

'오늘의 나' 마주하기

상황에 맞춰 갖추는 예의

"공자께서는 상복을 입은 사람, 예모와 예복을 착용한
관리를 만날 때는 비록 나이가 적을지라도 반드시
일어나시고 발걸음을 재촉하셨다."

子見齊衰者 冕衣裳者與瞽者
見之 雖少必作 過之必趨
(자견자최자 면의상자여고자
견지 수소필작 과지필추)

_자한 9

'오늘의 나' 마주하기

....

....

....

....

군자가 경계해야 할 세 가지③

"늙어서는 혈기가 이미 쇠잔하였으니
물욕을 경계해야 한다."

及其老也 血氣旣衰 戒之在得
(급기로야 혈기기쇠 계지재득)
_계씨 7

'오늘의 나' 마주하기

억지로 이어갈 필요 없다

"진심으로 말해 주고 잘 이끌어주되, 그게 안 되면
그만두어야지 스스로 욕 당하는 일이 없게 된다."

忠告而善道之 不可則止 無自辱焉
(충고이선지 불가즉지 무자욕언)
_안연 23

'오늘의 나' 마주하기

최고가 된 공자의 제자들

"회는 도에 가까웠지만 자주 그릇이 비었고, 사는 천명을 그대로 받아들이지 않고 장사를 하여 돈을 벌었는데 그가 판단을 내리면 대체로 적중했다."

回也其庶乎 屢空 賜不受命而貨殖焉 億則屢中
(회야기서호 루공 사불수명이화식언 억즉루중)
_선진 18

'오늘의 나' 마주하기

가족에게 충실하고 있는가?

"군자는 자기 친족을 소홀히 대하지 않는다."

君子不施其親

(군자불이기친)

_미자 10

'오늘의 나' 마주하기

....

....

....

....

부끄럽지 않은 품격

"빈곤함과 천박함은 사람들이 싫어하는 것이지만,
정당한 사유로 얻은 것이 아니면 굳이 박차고
떠나버리지 않는다."

貧與賤 是人之所惡也 不以其道得之 不去也
(빈여천 시인지소오야 불이기도득지 불거야)
_이인 5

'오늘의 나' 마주하기

언행일치

"말이 충성스럽지 않고 믿음직하지 않으며,
행동이 독실하지 않고 경건하지 않다면
비록 자기 고장이라도 통하지 못할 것이다."

言不忠信 行不篤敬 雖州里 行乎哉
(언불행신 행부독경 수주리 행호재)
_위령공 5

'오늘의 나' 마주하기

어떤 환경일지라도

"군자가 살았는데 무슨 누추함이 있겠는가."

君子居之 何陋之有
(군자거지 하루지유)

_자한 13

'오늘의 나' 마주하기

....

....

....

....

팔이 안으로 굽을수록

"어떤 사람에게 충성스러우면서 그에게
올바른 길을 알려주지 않을 수 있겠는가."

忠焉 能勿誨乎
(충언 능물회호)
_헌문 8

'오늘의 나' 마주하기

서로 인을 돕는 존재

"군자는 학문으로써 친구를 모으고,

친구를 통하여 인의 행함을 돕는다."

君子以文會友 以友輔仁

(군자이문회우 이우보인)

_안연 24

'오늘의 나' 마주하기

자기 발전을 위해 넓히는 견문

"세 사람이 길을 가면 그중에 반드시
나의 스승이 있다. 그 가운데 나보다 나은
사람의 좋은 점을 따르고, 나보다 못한 사람의
나쁜 점은 바로 잡는다."

三人行 必有我師焉
擇其善者而從之 其不善者而改之
(삼인행 필유아사언
택기선자이종지 기불선자이개지)
_술이 21

'오늘의 나' 마주하기

자녀의 가치를 존중하라

"후배들이 두렵나니 어떻게 장래의 그들이
오늘날의 우리만 못할 줄로 아는가?"

後生可畏 焉知來者之不如今也
(후생가외 언지래자지불여금야)
_위령공 22

'오늘의 나' 마주하기

다시 보는 상세함으로 깨닫는다

"공자께서는 남과 함께 노래를 부를 때

그가 잘 부르면 반드시 다시 부르게 하시고,

그런 다음에 그를 따라 부르셨다."

子與人歌而善 必使反之 而後和之

(자여인가이선 필사반지 이후화지)

_술이 31

'오늘의 나' 마주하기

포기하지 않고 불가능에 도전하는 사람

"안 되는 줄 알면서도 굳이 하려는 그 사람인가요?"

是知其不可而爲之者與

(시지기불가이위지자여)

_헌문 38

'오늘의 나' 마주하기

무명의 삶을 살 것인가?

"40, 50세가 되어도 명성이 없다면,
이 역시 두려워할 게 못 된다."

四十五十而無聞焉 斯亦不足畏也已
(사십오십이무문언 사역부족외야이)
_위령공 22

'오늘의 나' 마주하기

선한 영향력

"윗사람이 예를 좋아하면 백성은 부리기 쉽다."

上好禮 則民易使也

(상호례 즉민이사야)

_헌문 44

'오늘의 나' 마주하기

사람 노릇의 핵심키

"사람이 신의가 없다면 그것이 옳은지 모르겠다.
큰 수레에 멍에 채가 없고 작은 수레에 멍에
걸이가 없다면 어떻게 수레가 굴러가겠는가."

上好禮 則民易使也
(상호례 즉민이사야)
_헌문 44

'오늘의 나' 마주하기

....

....

....

....

작심 며칠?

"안회는 그 마음이 석 달 동안 인에서 떠나지 않지만,
나머지 제자들은 기껏해야 한 달 동안
인에 생각이 미칠 따름이다."

回也 其心三月不違仁 其餘則日月至焉而已矣
(회야 기심삼월불위인 기여즉일월지언이이의)
_옹야 5

'오늘의 나' 마주하기

어른인 척하는 아이의 욕심

"나는 그 아이가 버젓이 자리를 차지하고 앉아 있는 것을
보았고, 연장자들과 나란히 걸어가는 것을 보았다.
그 아이는 정진하기를 추구하기보다 속성하기를
바라는 아이다."

吾見其居於位也 見其與先生幷行也
非求益者也 欲速成者也
(오견기거어위야 견기여선생병행야
비구익자야 욕속성자야)
_헌문 47

'오늘의 나' 마주하기

내 자존감을 되돌아보며

"군자는 지중하지 않으면 위엄이 없고,

학문을 해도 견고하지 않다."

君子不重則不威 學則不固

(군자부중즉불위 학즉불고)

_학이 8

'오늘의 나' 마주하기

역경에도 흔들림이 없는 당당함

"군자는 근심하지 않고 두려워하지 않는다."

君子不憂不懼

(군자불우불구)

_안연 4

'오늘의 나' 마주하기

인을 실천하는 다섯 가지①

"공손하면 모욕당하지 않는다."

恭則不侮

(공즉불모)

_양화 6

'오늘의 나' 마주하기

....

....

....

....

멀리 내다보라

"유사에 앞서 먼저 본을 보이고, 작은 과실을 용서하며
현명한 인재를 등용하여라."

先有司 赦小過 擧賢才
(선유사 사소과 거현재)
_자로 2

'오늘의 나' 마주하기

진짜는 진짜를 알아보는 법

"군주를 섬김에 있어서 예를 다하는 것을
사람들은 아첨한다고 여긴다."

事君盡禮 人以爲諂也
(사군진례 인이위첨야)
_팔일 18

'오늘의 나' 마주하기

꾸준하게 발전하는 사람의 비결

"많이 듣고 그중에 좋은 것을 골라 따르고, 많이 보고
그것을 외어두는 것은 지식 탐구에 있어서 태어날 때
부터 아는 것에 버금가는 좋은 방법이다."

多聞 擇其善者而從之 多見而識之 知之次也
(다문 택기선자이종지 다견이지지 지지차야)

_술이 27

'오늘의 나' 마주하기

....

....

....

....

웃어른에게 지켜야 할 예의

"마을 사람들이 한데 모여 술을 마실 때는 지팡이를
짚은 노인이 먼저 나가면 그제야 나가셨다."

鄕人飮酒 杖者出 斯出矣
(향인음주 장자출 사출의)
_향당 13

'오늘의 나' 마주하기

내면 통찰의 의미

"그 사람이 하는 것을 보고 그 사람이 걸어온 길을
살피고, 어떤 것에 만족을 느끼는지를 관찰한다면
그의 사람 됨됨이를 어디다 숨기랴."

視其所以 觀其所由 察其所安 人焉廋哉
(시기소이 관기소유 찰기소안 인언수재)
_위정 10

'오늘의 나' 마주하기

독은 달콤할수록 강력하다

"그럴듯하게 꾸민 달콤한 말은 덕을 어지럽히고,

작은 것을 참지 않으면 큰 계획을 어지럽힌다."

巧言亂德 小不忍則亂大謀

(교언락덕 소불인즉란대모)

_위령공 26

'오늘의 나' 마주하기

인을 실천하는 다섯 가지②

"너그러우면 대중의 지지를 얻는다."

寬則得衆

(관즉득중)

_양화 6

'오늘의 나' 마주하기

이끄는 자의 기본 바탕

"자신이 먼저 한 후에 일을 시키고,

게으름피우지 말아야 한다."

先之勞之 無倦

(선지로지 무권)

_자로 1

'오늘의 나' 마주하기

곁에 오래 남지 못하는 사람

"설령 주공과 같은 훌륭한 재능을 가지고 있더라도,
교만하고 인색하다면 그 나머지는 볼 것도 없다."

如有周公之才之美 使驕且吝 其餘不足觀也已
(여유주공지재지미 사교차린 기여부족관야이)
_태백 11

'오늘의 나' 마주하기

시대 불문한 시의 효용

"너희는 왜 '시'를 배우지 않는가?
시는 감흥을 일으킬 수도 있고 인정과 풍속을
살필 수도 있으며, 여러 사람이 한데 모일 수 있고
원망을 토로할 수도 있다."

小子何莫學夫詩 詩可以興 可以觀
可以群 可以怨
(소자하막학부시 시가이흥 가이관
가이군 가이원)
_양화 9

'오늘의 나' 마주하기

부모의 칭찬은 최고의 엔진

"천리마는 그 힘을 칭찬하는 것이 아니라,

그 덕을 칭찬하는 것이다."

驥不稱其力 稱其德也

(기불칭기력 칭기덕야)

_헌문 33

'오늘의 나' 마주하기

즐겁게 살고 싶어 한 자로

"거마와 의복을 친구들과 함께하며 그것이
다 떨어져도 서운함이 없기를 원합니다."

願車馬衣裘 與朋友共 敝之而無憾
(원거마의구 여붕우공 폐지이무감)
_공야장 25

'오늘의 나' 마주하기

끝판왕의 경지

"비록 그것을 따라가려고 해도 따라갈 길이 없다."

雖欲從之 末由也已

(수욕종지 말유야이)

_자한 11

'오늘의 나' 마주하기

인을 실천하는 다섯 가지③

"믿음직스러우면 신임을 얻게 된다."

信則人任焉

(신즉인임언)

_양화 6

'오늘의 나' 마주하기

곧은 인재를 등용해야 하는 이유

"곧은 사람을 기용해 굽은 사람 위에 놓으면
백성들이 복종하게 될 것이고,
굽은 자를 기용해 곧은 사람 위에 놓으면
백성들은 복종하지 않게 될 것이다."

擧直錯諸枉 則民服 擧枉錯諸直 則民不服
(거직조저왕 즉민복 거왕조저직 즉민불복)
_위정 19

'오늘의 나' 마주하기

친구를 신용한다는 것

"친구와 사귐에 있어 말에 신용이 있어야 한다."

與朋友交 言而有信
(여붕우교 언이유신)
_학이 7

'오늘의 나' 마주하기

시를 사랑한 공자

"시는 가까이로는 어버이를 섬기고,
멀리로는 임금을 섬기며, 조수와 초목의
이름을 많이 알게 된다."

邇之事父 遠之事君 多識於鳥獸草木之名
(이지사부 원지사군 다식어조수초목지명)
_양화 9

'오늘의 나' 마주하기

올바르게 이끈다는 것

"진실로 욕심을 부리지 않는다면 사람들에게
상을 준다고 해도 훔치지 않을 것입니다."

苟子之不欲 雖賞之不竊
(구자지불욕 수상지부절)
_안연 18

'오늘의 나' 마주하기

....

....

....

....

겸손하게 살고 싶어 한 안연

"저의 뛰어난 점을 자랑하지 않고,

공로를 과시하지 않기를 원합니다."

願無伐善 無施勞

(원무벌선 무시로)

_공야장 25

'오늘의 나' 마주하기

휘둘리지 않는 강직함

"군자는 섬기기는 쉬워도 기쁘게 하기는 어렵다.

정당한 도리로 기쁘게 하지 않으면

기뻐하지 않지 않고, 남에게 일을 시킬 때

그 사람의 재능에 맞게 시키기 때문이다."

君子易事而難說也 說之不以道 不說也

及其使人也 器之

(군자이사이난열야 열지불이도 불열야

급기사인야 기지)

_자로 25

'오늘의 나' 마주하기

인을 실천하는 다섯 가지④

"민첩하면 공로가 있게 된다."

敏則有功

(민즉유공)

_양화 6

'오늘의 나' 마주하기

....

....

....

....

위기 속 최선의 대처

"군자는 밥 한 끼 먹는 짧은 시간도 인을 어김이
없으니, 다급해져도 반드시 인에 처하고 곤경에
빠져도 반드시 인에 처한다."

君子無終食之間違仁 造次必於是 顚沛必於是
(군자무종식지간위인 조차필어시 전패필어시)
_이인 5

'오늘의 나' 마주하기

함께하는 즐거움

"친구가 먼 곳에서 찾아온다면
역시 즐겁지 않겠느냐?"

有朋自遠方來 不亦樂乎
(유붕자원방래 불역락호)
_학이 1

'오늘의 나' 마주하기

....

....

....

....

공자의 수양과 학문의 세 가지 단계

"나는 시를 통하여 일어나고 예를 통하여
확립하고 음악을 통하여 완성했다."

興於詩 立於禮 成於樂
(흥어시 입어례 성어락)
_태백 8

'오늘의 나' 마주하기

자녀를 이끄는 지혜①

"지혜가 미쳐서 손에 넣었으나 인이 그것을 지켜내지
못한다면 비록 얻었다고 할지라도
반드시 잃고 말 것이다."

知及之 仁不能守之 雖得之 必失之
(지급지 인불능수지 수득지 필실지)
_위령공 32

'오늘의 나' 마주하기

공자가 살고 싶었던 삶

"노인을 편안히 해드리고, 벗들에게 믿음을 주며,
젊은이들은 품어주고 싶다."

老者安之 朋友信之 少者懷之
(노자안인 붕우신지 소자회지)
_공야장 25

'오늘의 나' 마주하기

자기 그릇을 키워야 하는 이유

"소인은 섬기기는 어려워도 기쁘게 하기는 쉽다. 정당한 도리로 기쁘게 하지 않아도 기뻐하고, 남에게 일을 시킬 때는 온갖 재능을 다 갖추기를 바라기 때문이다."

小人難事而易說也 說之雖不以道 說也
及其使人也 求備焉
(소인난사이이열야 열지수불이도 열야
급기사인야 구비언)
_자로 25

'오늘의 나' 마주하기

인을 실천하는 다섯 가지⑤

"은혜로우면 다른 사람을 부릴 수 있다."

惠則足以使人

(혜즉족이사인)

_양화 6

'오늘의 나' 마주하기

....

....

....

군자는 다투는 법이 없다

"읍을 하고 겸양의 뜻을 표한 뒤에 당에 오르며 끝나면
내려와서 술을 마시니 그 다툼은 군자답다."

揖讓而升 下而飮 其爭也君子
(읍양이승 하이음 기쟁야군자)

_팔일 7

'오늘의 나' 마주하기

진정한 우정

"친구가 죽었는데 의탁할 곳이 없자,

'내 집에 안치해라'라고 하셨다."

朋友死 無所歸 曰 於我殯

(붕우사 무소귀 왈 어아빈)

_향당 22

'오늘의 나' 마주하기

정의와 배려로 지도하라

"덕으로써 인도하고 예로써 다스린다면
수치심도 있고 감화도 받게 된다."

道之以德 齊之以禮 有恥且格
(도지이덕 제지이례 유치차격)
_위정 3

'오늘의 나' 마주하기

....

....

....

자녀를 이끄는 지혜②

"지혜가 미쳐서 손에 넣었고 인이 그것을 지켜낼
수 있더라도, 그들을 점잖게 대하지 않는다면
백성들이 존경하지 않을 것이다."

知及之 仁能守之 不莊以涖之 則民不敬
(지급지 인능수지 부장이리지 즉민불경)
_위령공 32

'오늘의 나' 마주하기

내가 진정으로 좋아하는 것은 무엇인가?

"부가 만약 추구할 만한 것이라면 채찍을 잡고 일을 하
는 천한 사람이라도 될 것이고, 추구할 만한 것이 아니
라면 내가 좋아하는 바를 따르겠다."

富而可求也 雖執鞭之士 吾亦爲之
如不可求 從吾所好
(부이가구야 수집편지사 오역위지
여불가구 종오소호)
_술이 11

'오늘의 나' 마주하기

모두가 같은 삶을 살 순 없다

"함께 공부할 수 있어도 함께 도를 이룰 수는 없고,
함께 도에 이룰 수는 있어도 함께 세울 수는 없으며,
함께 세울 수는 있어도 함께 행권할 수는 없다."

可與共學 未可與適道 可與適道 未可與立
可與立 未可與權
(가여공학 미가여적도 가여적도 미가여립
가여립 미가여권)

_자한 29

'오늘의 나' 마주하기

....

....

....

자기 고집

"오직 가장 지혜로운 사람과 가장 어리석은 사람만이
자기 생각을 다른 데로 옮기지 않는다."

唯上知與下愚不移
(유상지여하우불이)
_양화 2

'오늘의 나' 마주하기

세상을 다스릴 때 원칙

"옛 임금이 세상을 다스린 원칙은

이것을 훌륭하다고 여겨서 크고 작은 일 모두

조화를 이룬다는 이 원칙에 따랐다."

先王之道 斯爲美 小大由之

(선왕지도 사위미 소대유지)

_학이 12

'오늘의 나' 마주하기

관대하고 대범한 마음으로 다가가기

"평상시에는 경건하고 일할 때는 대범한 태도로써
백성에게 임한다면 이 또한 좋지 않겠습니까?"

居敬而行簡 以臨其民 不亦可乎
(거경이행간 이림기민 불역가호)
_옹야 2

'오늘의 나' 마주하기

상대의 역량을 고려해 가르쳐라

"구별하여 기르는 것과 같은데 어찌 군자의 도를
왜곡할 수 있겠는가? 시작도 있고 끝도 있어
온전한 사람은 오직 성인뿐이리라."

區以別矣 君子之道 焉可誣也 有始有卒者 其惟聖人乎
(구이별의 군자지도 언가무야 유시유졸자 기유성인호)

_자장 12

'오늘의 나' 마주하기

자녀를 이끄는 지혜③

"지혜가 미쳐서 손에 넣었고 인이 그것을 지켜낼 수 있
고, 그들을 점잖게 대한다고 할지라도 그들을 예로써
동원하지 않는다면 아직 써 좋지는 않다."

知及之 仁能守之 莊以涖之 動之不以禮 未善也
(지급지 인능수지 장이리지 동지불례이례 미선야)
_위령공 32

'오늘의 나' 마주하기

....

....

....

실천할 수 있는 약속

"믿음이 의로움에 가까우면 능히 실행할 수 있고,

예의에 가까울 만큼 공손하다면

치욕을 당하지 않을 것이다."

信近於義 言可復也 恭近於禮 遠恥辱也

(신근어의 억가복야 공근어례 원치욕야)

_학이 13

'오늘의 나' 마주하기

....

....

....

계속 불타오르는 의지

"그만두고 싶어도 그럴 수가 없다. 이미 나의 모든
재능을 쏟아부어도 새로운 목표물이 눈앞에
우뚝 솟아 있는 것 같다."

欲罷不能 旣竭吾才 如有所立卓爾
(욕파불능 기갈오재 여유소립탁이)
_자한 11

'오늘의 나' 마주하기

....

....

....

....

순간에 속아 참뜻을 잊지 말자

"좋아하되 속뜻을 찾지 않고, 따르되 잘못을 고치지
않는다면 나는 그 사람을 어떻게 할 수가 없다."

說而不繹 從而不改 吾末如之何也已矣
(설이불역 종이불개 오말여지하야이의)
_자한 24

'오늘의 나' 마주하기

속 빈 강정 지도자

"언론이 조리가 있어 빈틈없고 그럴듯하다고 해서
그 사람을 찬양하는데, 그 사람이 과연 군자다운 사람
인가 겉모양만 장중한 사람인가?"

論篤是與 君子者乎 色莊者乎
(론독시여 군자자호 색장자호)
_선진 21

'오늘의 나' 마주하기

서로 존중하는 사이

"가까이 지내면서도 친함을 잃지 않고 친근한 관계를
유지한다면 그 사람도 역시 본받을 만하다."

因不失其親 亦可宗也
(인불실기친 역가종야)
_학이 13

'오늘의 나' 마주하기

시를 배웠느냐?

"'시를 배웠느냐?'라고 물으시기에 '아직 배우지 못하
였습니다.'라고 대답했더니, '시를 배우지 않으면 말을
할 수가 없느니라.'라고 하셨다.
나는 물러나 시를 공부했다."

學詩乎 對曰 未也 不學詩 無以言 鯉退而學詩
(학시호 대왈 미야 불학시 무이언 리퇴이학시)
_계씨 13

'오늘의 나' 마주하기

가정의 참다운 조화

"예의 효용은 조화가 가장 귀중하다.

만약 행해지지 않는 바가 있다면 조화를 알고 조화하되,

예로써 조절하지 아니하면 행해질 수 없다."

禮之用 和爲貴 有所不行 知和而和

不以禮節之 亦不可行也

(례지용 화위귀 유소불행 지화이화

불이례절지 역불가행야)

_학이 12

'오늘의 나' 마주하기

바른 말을 따른다는 것은

"바른 깨우침의 말을 따르지 않을 수 있겠는가?

그러나 그 말에 따라

자기 잘못을 고치는 것이 중요하다."

法語之言 能無從乎 改之爲貴

(법어지언 능무종호 개지위귀)

_자한 24

'오늘의 나' 마주하기

좋은 것을 구하는 방법

"네가 아는 사람을 등용하라. 네가 알지 못하는 인재는
사람들이 어찌 그냥 내버려 두겠느냐?"

舉爾所知 爾所不知 人其舍諸
(거이소지 이소부지 인기사저)
_자로 2

'오늘의 나' 마주하기

난세를 대처하는 현명함

"현명한 사람은 바르지 않은 세상을 피하여 은둔하고,

그다음은 지역을 피하고,

그다음은 안색을 피하고, 그다음은 말을 피한다.

이렇게 한 자가 일곱 사람이다."

賢者辟世 其次辟地 其次辟色 其次辟言 作者七人矣

(현자피세 기차피지 기차피색 기차피언

작자칠인의)

_헌문 39

'오늘의 나' 마주하기

공감하지 않는 리더

"높은 자리에 있으면서 관대하지 않고 예를 행함이

공경스럽지 않고, 상례에 임하여 애통하지 않는다면

내가 무엇으로 그 사람을 관찰하리오?"

居上不寬 爲禮不敬 臨喪不哀 吾何以觀之哉

(거상불관 위례불경 림상불애 오하이관지재)

_팔일 26

'오늘의 나' 마주하기

불통에 에너지 낭비하지 마라

"함께 이야기할 만하지 않은데도 그 사람과
이야기하는 것은 말을 낭비하는 것이다."

不可與言而與之言 失言
(불가여언이여지언 실언)
_위령공 7

'오늘의 나' 마주하기

특별하지 않은 교육

"'예를 배웠느냐?'라고 물으시기에 '아직 배우지 못하
였습니다.'라고 대답했더니, '예를 배우지 않으면
바로 설 수 없느니라.'라고 하셨습니다.
저는 물러나 예를 공부했습니다."

學禮乎 對曰 未也 不學禮 無以立
鯉退而學禮 聞斯二者
(왈 학례호 대왈 미야 불학례 무이립
리퇴이학례 문사이자)
_계씨 13

'오늘의 나' 마주하기

공자의 아들 교육 방식

"한 가지를 물었다가 세 가지를 얻었다.

시에 관한 이야기를 들었고,

예에 관한 이야기를 들었고,

또 군자가 자기 아들을 멀리한다는 것을 들었다."

問一得三 聞詩 聞禮 又聞君子之遠其子也

(문일득삼 문시 문례 우문군자지원기자야)

_계씨 13

'오늘의 나' 마주하기

말에 담긴 참뜻

"공손하고 부드러운 말을

좋아하지 않을 수 있겠는가?

그러나 그 말의 참뜻을 찾아내는 것이 중요하다."

巽與之言 能無說乎 繹之爲貴

(손여지언 능무열호 역지위귀)

_자한 24

'오늘의 나' 마주하기

덕을 지닌 인물

"태백은 틀림없이 지극한 덕을 지닌 인물이었다고
할 수 있을 것이다. 세 차례나 천하를 양보했는데도
백성들이 그를 칭송할 길이 없을 정도로
은밀하게 하였다."

泰伯其可謂至德也已矣 三以天下讓 民無得而稱焉
(태백기가위지덕야이의 삼이천하양 민무득이칭언)

_태백 1

'오늘의 나' 마주하기

....

....

....

....

바탕 성립이 먼저다

"그림 그리는 일은 흰 바탕이 있고 난 뒤에 된다."

繪事後素

(회사후소)

_팔일 8

'오늘의 나' 마주하기

자율권을 존중하라

"군자는 생각이 제자리를 벗어나지 않는다."

君子思不出其位

(군자사불출기위)

_헌문 28

'오늘의 나' 마주하기

사람을 알아보는 식견을 키워라

"지혜로운 사람은 사람도 잃지 않고
말도 낭비하지 않는다."

知者 不失人 亦不失言
(지자 불실인 역불실언)
_위령공 7

'오늘의 나' 마주하기

개선을 위해 단호히 꾸짖어라

"계씨는 주공보다 부유했는데도 구가 그를 위하여
세금을 많이 거두어들여 거기다 더 보태주었다.
이에 공자께서 말씀하셨다. '그는 내 제자가 아니다.
너희들은 북을 울려가며 그를 공격해도 좋다.'"

季氏富於周公 而求也爲之聚斂而附益之
子曰 非吾徒也 小子鳴鼓而攻之可也
(계씨부어주공 이구야위지취렴이부익지
자왈 비오도야 소자명고이공지가야)

_선진 16

'오늘의 나' 마주하기

아이가 보고 자라는 충과 효

"아내를 대함에 있어서 현덕을 중시하고 미색을 경시하며,
부모를 섬김에는 자신의 힘을 다하며, 임금을 섬김에는
그 몸을 바치고, 친구와 사귐에 신의가 있다면, 비록 못 배웠
다고 할지라도 나는 반드시 그를 일러 배웠다고 할 것이다."

賢賢易色 事父母 能竭其力 事君 能致其身
與朋友交 言而有信 雖曰未學 吾必謂之學矣
(현현이색 사부모 능갈기력 사군 능치기신
여붕우교 언이유신 수왈미학 오필위지학의)
_학이 7

'오늘의 나' 마주하기

진짜 떳떳한 사람

"내가 만약 떳떳하지 못한 짓을 했다면,
하늘이 나를 미워할 것이다."

予所否者 天厭之
(여소비자 천염지)
_옹야 26

'오늘의 나' 마주하기

정말 용맹하다 할 수 있나?

"용맹스러운 것을 좋아하면서
가난을 싫어하면 난동을 부린다."

好勇疾貧 亂也
(호용질빈 난야)
_태백 10

'오늘의 나' 마주하기

받고 싶은 만큼 일하라

"임금을 섬김에는 자기 일을 신중하게 처리하고,

녹을 먹는 것은 뒤로 돌린다."

事君 敬其事而後其食

(사군 경기사이후기식)

_위령공 37

'오늘의 나' 마주하기

정의로 통솔하라

"정치란 바로 잡는 것이다. 선생이 바름으로써
본을 보인다면 누가 감히 바르지 않겠는가?"

政者 正也 子帥以正 孰敢不正
(정자 정야 자솔이정 숙감부정)
_안연 17

'오늘의 나' 마주하기

내 마음의 거울을 더럽히지 마라

"백이와 숙제는 옛날에 다른 사람이 자기에게 악하게
굴었던 일을 생각하지 않았기에,
그들을 원망하는 사람이 드물었다."

伯夷叔齊不念舊惡 怨是用希
(백이숙제불념구악 원시용희)
_공야장 23

'오늘의 나' 마주하기

날마다 새로운 것을 익혀 내공을 쌓는다

"날마다 자기가 모르는 것을 알아나가고,
달마다 능한 것을 잊지 않으면
배움을 좋아한다고 할 수 있다."

日知其所亡 月無忘其所能 可謂好學也已矣
(일지기소망 월무망기소능 가위호학야이의)
_자장 5

'오늘의 나' 마주하기

안주하지 않는 삶을 가르쳐라

"종일 배불리 먹고 마음을 쓰는 데가 없다면
참으로 곤란하다. 장기나 바둑이라는 것이 있지 않은가?
그것이라도 하는 것이 그래도 하지 않는 것보다는 낫다."

飽食終日 無所用心 難矣哉 不有博奕者乎 爲之 猶賢乎已
(포식종일 무소용심 난의재 불유박혁자호 위지 유현호이)
_양화 22

'오늘의 나' 마주하기

사악한 마음을 다스리는 일

"자기의 나쁜 점을 공격하고,

남의 나쁜 점을 공격하지 않는 것이

사악한 마음을 다스리는 것이 아니겠느냐?"

攻其惡 無攻人之惡 非修慝與

(공기악 무공인지악 비수특여)

_안연 21

'오늘의 나' 마주하기

포용력을 키워야 하는 이유

"사람이 어질지 못하다고 해서
그것을 미워함이 너무 심하면 난동을 부린다."

人而不仁 疾之已甚 亂也
(인이불인 질지이심 난야)
_태백 10

'오늘의 나' 마주하기

모든 일은 시간이 든다

"가령 왕도로 천하를 다스리는

성왕이 있다고 하더라도,

반드시 30년이 지난 뒤에야

인덕에 의한 감화가 이루어진다."

如有王者 必世而後仁

(여유왕자 필세이후인)

_자로 12

'오늘의 나' 마주하기

우리에게 정의가 없다면

"군자는 의로움을 최상으로 여긴다.
군자는 용기만 있고 의로움이 없으면 문란한 짓을 하고,
소인은 용기만 있고 의로움이 없으면 도둑질을 한다."

君子義以爲上 君子有勇而無義爲亂 小人有勇而無義爲盜
(군자의이위상 군자유용무의위란 소인유용이무의위도)
_양화 23

'오늘의 나' 마주하기

....

....

....

....

함부로 헐뜯지 마라

"다른 사람의 현명함은 구릉과 같아서

넘어갈 수 있지만,

중니는 해와 달과 같아서 넘어갈 수가 없습니다."

他人之賢者 丘陵也 猶可踰也 仲尼 日月也 無得而踰焉

(타지인현자 구릉야 유가유야 중니 일월야 무득이유언)

_자장 24

'오늘의 나' 마주하기

....

....

....

상황에 맞는 가르침

"구는 뒤로 물러서기 때문에 나아가게 했고,
유는 잘 나서 남의 몫까지 하기에
물러서도록 한 것이다."

求也退 故進之 由也兼人 故退之
(구야퇴 고진지 유야겸인 고퇴지)
_위령공 36

'오늘의 나' 마주하기

....

....

....

충동은 가정을 파괴할 수 있다

"하루아침의 분노로 자기 몸을 잊고
나쁜 짓을 하여 그 영향이 부모님에게까지
미치는 것이 미혹된 것이 아니겠느냐?"

一朝之忿 忘其身 以及其親 非惑與
(일조지분 망기신 이급기친 비혹여)

_안연 21

'오늘의 나' 마주하기

근심 공포에 빠진 자를 위한 공자의 위로

"안으로 자신을 돌아보아 꺼림칙한 것이 없다면,

무엇을 걱정하고 무엇을 두려워하겠는가?"

內省不疚 夫何憂何懼

(내성불구 부하우하구)

_안연 4

'오늘의 나' 마주하기

....

....

....

....

느림의 미학

"빨리하려고 하지 말고 작은 이익을 돌보지 마라.

빨리하려고 하면 달성하지 못하고,

작은 이익을 돌보게 되면 큰일이 이루어지지 않는다."

無欲速 無見小利 欲速 則不達 見小利 則大事不成

(무욕속 무견소리 욕속 즉부달 견소리 즉대사불성)

_자로 17

'오늘의 나' 마주하기

군자의 도 '인지용'

"군자의 도에는 세 가지가 있는데
내가 할 수 있는 것이 없다.
즉 어진 사람은 근심하지 않고,
지혜로운 사람은 미혹되지 않고,
용감한 사람은 두려워하지 않는다."

君子道者三 我無能焉 仁者不憂 知者不惑 勇者不懼
(군자도자삼 아무능언 인자불우 지자불혹 용자불구)
_헌문 30

'오늘의 나' 마주하기

나는 꼰대인가?

"정령으로써 인도하고 형벌로써 다스린다면
백성들이 처벌은 모면할 뿐, 수치심이 없다."

道之以政 齊之以刑 民免而無恥
(도지이정 제지이형 민면이무치)
_위정 3

'오늘의 나' 마주하기

진짜 으뜸인 친구는

"자기가 유능하면서 재능 없는 사람에게 묻고, 학식이
많으면서 학식이 적은 사람에게 물으며, 있으면서도
없는 것 같고, 가득 찼으면서도 텅 빈 것 같으며,
자기 마음을 거슬러도 따지지 않았다."

以能問於不能 以多問於寡 有若無 實若虛 犯而不校
(이능문어불능 이다문어과 유약무 실약허 범이불교)

_태백 5

'오늘의 나' 마주하기

....

....

....

배울 수 있음에 감사하지 않은가?

"배우고 때때로 익히니 기쁘지 아니한가?"

學而時習之 不亦說乎

(학이시습지 불역열호)

_학이 1

'오늘의 나' 마주하기

....

....

....

....

아이는 부모의 발자국을 따라 자란다

"자산에게는 군자의 도 네 가지가 있었다.

행동이 공손하였고, 윗사람을 섬기는 것이 경건했고,

백성을 양육하는 것이 은혜로웠으며,

백성을 부리는 것이 의로웠다."

有君子之道四焉 其行己也恭 其事上也敬

其養民也惠 其使民也義

(유군자지도사언 기행기야공 기사상야경

기양민야혜 기사민야의)

_공야장 15

'오늘의 나' 마주하기

작은 신의에 구애받지 않기

"군자는 곧지만 하찮은 신의에 얽매여
분별없이 굴지는 않는다."

君子貞而不諒

(군자정이불량)

_위령공 36

'오늘의 나' 마주하기

이끌어가기 전에 확인할 것

"큰 나라를 다스리려면 일을 정성껏 처리하고
백성들에게 신용이 있으며, 비용을 절약하고 인재를
아끼며, 백성들을 부릴 때는 때에 맞게 해야 한다."

道千乘之國 敬事而信 節用而愛人 使民以時
(도천승지국 경사이신 절용이애인 사민이시)
_학이 5

'오늘의 나' 마주하기

....

....

....

....

매일 새로운 나를 발견하는
365 한 줄 논어

초판 1쇄 발행   2024년 3월 29일

엮음   편집부
발행인   곽철식

디자인   박영정
마케팅   박미애
펴낸곳   다온북스
인쇄   영신사

출판등록   2011년 8월 18일 제311-2011-44호
주소   서울시 마포구 토정로 222, 한국출판콘텐츠센터 313호
전화   02-332-4972   팩스   02-332-4872
전자우편   daonb@naver.com

ISBN 979-11-93035-39-9 (03190)

• 이 책은 저작권법에 따라 보호받는 저작물이므로 무단 전재와 무단 복제를 금하며,
  이 책의 내용의 전부 또는 일부를 사용하려면 반드시 저작권자와 다온북스의 서면 동의를 받아야 합니다.
• 잘못되거나 파손된 책은 구입한 서점에서 교환해 드립니다.

• 다온북스는 독자 여러분의 아이디어와 원고 투고를 기다리고 있습니다.
  책으로 만들고자 하는 기획이나 원고가 있다면, 언제든 다온북스의 문을 두드려 주세요.